刑事新派理论与少年法

杨新慧 著

Criminal New School Theory

知识产权出版社

全国百佳图书出版单位

—北京—

图书在版编目（CIP）数据

刑事新派理论与少年法/杨新慧著. —北京：知识产权出版社，2019.11

ISBN 978-7-5130-6555-9

Ⅰ.①刑… Ⅱ.①杨… Ⅲ.①青少年犯罪—司法制度—研究 Ⅳ.①D916

中国版本图书馆 CIP 数据核字（2019）第 232814 号

内容提要

少年法发轫于少年犯罪法，在刑事新派理论的支撑下产生。本书通过对少年法发展的历史规律进行梳理，发现少年法 100 多年的发展历程，是一个由少年犯罪法向少年越轨法、少年保护法和少年福利法多个领域逐步拓展、延伸的过程。在刑事新派理论的指引下，少年法主张少年犯罪的去犯罪化，少年越轨行为干预的早期化，少年保护措施的公法化，少年福利的平等、全面化。因此，刑事新派理论不仅是少年法发展的理论依据，更为少年法的未来发展指明了方向。虽然我国对少年法学研究已有 30 余年的历史，但对少年法学基础理论研究尚不够系统深入。本书着力于对少年法理论根基的挖掘，以期对我国少年法的未来发展提供理论指引。

责任编辑：龚 卫 吴 烁 **责任印制：**刘译文

封面设计：段维东

刑事新派理论与少年法

XINGSHI XINPAI LILUN YU SHAONIANFA

杨新慧 著

出版发行：	知识产权出版社有限责任公司	网 址：	http://www.ipph.cn
电 话：	010-82004826		http://www.laichushu.com
社 址：	北京市海淀区气象路 50 号院	邮 编：	100081
责编电话：	010-82000860 转 8120	责编邮箱：	laichushu@ cnipr.com
发行电话：	010-82000860 转 8101	发行传真：	010-82000893
印 刷：	三河市国英印务有限公司	经 销：	各大网上书店、新华书店及相关专业书店
开 本：	720mm×1000mm 1/16	印 张：	12.25
版 次：	2019 年 11 月第 1 版	印 次：	2019 年 11 月第 1 次印刷
字 数：	200 千字	定 价：	59.00 元

ISBN 978-7-5130-6555-9

目 录
Contents

导　论

一、写作起因与意义

2009 年初，笔者在工作中开始接触未成年人刑事检察案件。由于级别管辖问题，分检所接触的未成年人案件基本上都是造成了较为严重后果的或者未成年人作为被害人的情节恶劣的刑事案件。案件类型多集中为严重的暴力犯罪，如故意杀人、故意伤害、强奸、抢劫、聚众斗殴，也有少量的运输毒品案件。从形式上看，未成年人犯罪案件的犯罪事实、手段等几乎与成人无异。可在与这些未成年人接触的过程中，笔者慢慢发现未成年犯罪人与成年犯罪人有着巨大的差异。大多数未成年人仍保留着很多本真的品质，比如诚实、真挚。未成年人对案件事实的陈述更真实、更完整、更诚实，即使对被害人过错的指责都是直截了当、一目了然的，也不会有矫饰的忏悔。坐在自己较为亲近的家人面前，他们常常会泪流满面，表现出较为强烈的依赖。这使你往往无法或是不愿将眼前这个孩子与那些残忍的犯罪画面联系在一起。事实证明，部分未成年人犯罪案件中，犯罪手段的残忍程度甚至超出一般成年人犯罪。有的严重刑事案件中，未成年人的犯罪手段可能会更加挑战我们的极限。笔者曾遇到一个手段极其残忍的多名未成年人故意杀人案。四个未满 16 周岁的孩子没有抢到被害人的钱，百无聊赖，便以殴打被害人取乐。随后，因为好奇，四人将被害人杀害。各种具体犯罪细节让人无法与眼前这几名 14 岁到 15 岁的孩子联系起来。提讯时，笔者在那个 15 岁的主犯微笑的嘴角中看到的只有"无畏"，而他在复述自己残忍的杀人经过时，异常的"冷漠"。这种异常的"冷漠"，笔者从接下来的调查中找到了答案。这个 15 岁的孩子有五个曾用名，因为妈妈不停地改嫁，他就像候鸟一样在各个省份之间过着颠沛流离的生活。直到 12 岁那年，他可以小偷小摸地过活，可以在穿山的隧道里过夜，可以用凶狠的眼神和尖刀对抗别人欺负的时候，他再也没有跟着母亲改嫁了。在流浪的过程中，他结识了同案三名被告人，这三个年龄相仿的孩子，虽然经历不尽相同，但几乎都是在家庭结构不完整、被父母忽视以及缺乏管教和关爱的环境中长大，都经历了风雨飘摇的童年和孤单无助的少年时期。几乎每个人的成长经历都是一个痛彻心扉的"江湖"血泪史。然而，面对被害人唯一的亲人——父亲悲伤的眼泪时，柔软下来的心又会变得坚硬，被害人的父亲又有什么过错需要面对这样的打击？由于被害人智力低下，母亲早早就离开了家，是父爱的坚持，让被害人终于长大并可以独立工作。对于这个寒微的家庭而言，刚刚燃起的些许希望就这样被碾碎了。作为公诉人的笔者时常需要在这种摇摆的心情中度过一个又一个庭审。对于被害人的父亲而言，失去了唯一的儿子就是失去了整个世界，永远无法挽回。对于 15 岁的未成年犯罪人而言，他没有任何牵挂，因为这个世界上没有人牵挂他。如果有一天他从监狱中出来了，他会去哪里？会不会因为曾经的牢狱生活变得遵纪守法或者更无所畏惧地开始新的犯罪生涯，笔者无从知晓也猜不到方向。笔者想知道，我们做出怎样的努力才能避免这么多的悲剧发生，才能让我们所深爱的孩子们拥有更加美好的未来。正是怀着共同的美好愿望，1899 年世界上第一个少年法院在美国伊利诺伊州成立了。时至今日，这个运行了 100 多年的少年司法体系已经积累了相当多的成功经验，并且为世界各地不同文化、不同社会背景的国家和地区所吸收和借鉴，如日本、我国台湾地区。我们欣喜地发现，少年法正将观察的视野从刑事犯罪事实向更宽的范畴进行拓展：第一，研究未成年人犯罪原因，重点考察未成年人成长经历中必不可少的"监护"环境，从而发现监护环境与未成年人性格的养成有着紧密的联系。第二，未成年人犯罪的矫正问题。刑事的惩罚对于一个犯了罪的人来说是必须的，但是它能在多大程度上起到威慑作用，保证犯罪人不再犯罪而是向往新生活，笔者不敢妄言。在我们的价值观念中，被贴上了犯罪标签的未成年人更可能会丧失原本就不多的平等成长的机会，如果没有一个良好的衔接机制，刑满释放的未成年人如何回归社会开展新的人生？从现有的刑罚体制中我们似乎无法找到答案。2013年《刑事诉讼法》规定了未成年人犯罪特别程序，对未成年人犯罪案件处理要秉承"教育为主、惩罚为辅"的思想。未成年人犯罪案件不公开审理制度、未成年人犯罪记录封存制度、前科报告义务免除制度、附条件不起诉制度及未成年人社会调查报告制度等，都仅仅适用于未成年人刑事案件的制度。尽管在设计上会有些不尽完美的地方，但至少它告诉我们一个少年司法发展的方向，即未成年人将被区别于成年人对待。这将是一个由点到面，由局部到整体，由程序到实体的变化过程。孩子的成长和抚育将不仅是某个家庭的责任，而是全社会的责任。中国特有的生育政策下成长起来的新一代"独生子女"，作为新手父母并无太多的抚育经验可以借鉴。在新旧育儿理念的交替中，在传统与现代抚育理念的冲突下，不同的价值体系往往不利于子女健康性格的养成。当然，也有些不负责的父母无视子女的陪伴需求，或以为孩子创造未来美好生活之名，使他们的孩子变成留守儿童。这一系列的不当监护都可能变成影响孩子健康成长的因素。针对不当监护的情况，2014年我国最高人民法院、最高人民检察院、公安部、民政部出台司法解释《关于依法处理监护人侵害未成年人权益行为若干问题的意见》，明确了"对于监护人的不当监护的监督和对其监护权的撤销的条件等"。但对于亲子关系紧张等情况没有提供公共的咨询辅导服务，也没有就被剥夺监护权的父母能否考核重新取得监护权的问题做进一步的规定。主要根由在于我国未成年人监护制度的构建有所欠缺。对于儿童或者未成年人来说，教育和陪伴并不是一项简单的工作，也不是一个单一的司法解释所能解决的问题；而是需要着眼全局，立足根本，从少年的健康成长出发的重大工程。本文通过对少年法发展的规律和方向的梳理，希望能对少年法的发展有所助益。

二、研究方法

（1）比较研究方法，比较不同国家和地区之间的少年法的相关制度设计，发现少年法发展的共同规律。

（2）文献研究方法，即通过相关文献，从理念、发展历史和基本内容树立少年法的发展脉络，并总结其发展规律。

（3）系统思辨方法，即基于制度运转的基本原理，通过将少年法的各部分内容——少年犯罪法、少年越轨法、少年保护法、少年福利法各自的基本理念、基本内容进行归纳和总结，分析其所体现的刑事新派理论的观点和指导思想，勾勒出少年法与刑事新派理论的关系，进而发掘刑事新派理论是少年法的理论根基的依据。

三、研究框架与创新

"法律的发展被认为具有一种内在的逻辑；变化不仅是旧对新的适应，而且是一种变化形式的一部分。变化过程受某种规律的支配，并且至少在事后认识到，这种过程反映一种内在的需要。人们推定，在西方法律传统中，变化并不是随机发生的，而是由对过去的重新解释进行的，以便满足当时和未来的需要。法律不仅仅是处在不断发展中；它有其历史。它叙述着一个经历。"❶ 从世界上第一个少年法院的建立到现在近百年的发展史，少年法的疆域不断扩展，由少年犯罪法到少年越轨法，再到少年保护法和少年福利法的建立，都是在一个共同的保护主义理念的指引下蓬勃发展。对于少年法发展规律的总结，我们不难发现其中蕴含的基本理念和价值追求，恰恰符合刑事新派理论的犯罪原因论、人身危险性的犯罪论立场和功利主义指导下目的刑的观点。

---

❶ 哈罗德·J. 伯尔曼. 法律与革命：西方法律传统的形成 [M]. 贺卫方，高鸿钧，张志铭，等，译. 北京：法律出版社，2008：19.

本书对刑事新派理论与少年法的关系研究分六部分展开。

（1）刑事新派理论概述。本章共有刑事新派理论产生背景、主要观点及其与旧派理论的争论和解析三个部分。刑事新派理论产生于 19 世纪的欧洲大陆。当时是自由资本主义经济发展的鼎盛时期，工业文明带来了城市化进程的加速，少年犯罪问题、累犯问题突出的时代背景，都为刑事新派理论的产生提供了丰厚的现实土壤。刑事新派理论在科学主义风潮的影响下，采取实证的研究方法提出区别于刑事旧派理论的犯罪原因决定论的观点，认为犯罪不是自由意志的选择而是个体因素和社会因素共同作用的结果。进而，法理论提出人身危险性才是考察犯罪的落脚点，且应针对不同的人身危险性和不同的犯罪原因采取差别的刑罚个别化处遇措施。

（2）刑事新派理论与少年法的萌芽：少年犯罪法。本章涉及少年及其相关概念、少年法产生的历史考察和世界推广；从社会背景分析，少年法均产生于世界各国对少年犯罪问题的现实回应，与刑事新派理论产生于相同的时代背景；少年法发端于少年犯罪法，少年犯罪法所确定的非刑法化、非刑罚化、分离原则、保密原则、协商原则等特殊少年犯罪处理原则，均体现了刑事新派理论中犯罪社会原因决定论、人身危险性养成和特别预防的思想。

（3）刑事新派理论与少年犯罪法的演进：少年越轨法。本章结合犯罪学的实证研究结论分析了少年越轨与少年犯罪的关系；进而对少年越轨法在各国少年法体系的确立进行规范性分析，少年越轨法有其特殊的早期干预保护理念、适用对象和多样性的处遇手段，具有非犯罪的本质。前述特征体现了刑事新派理论中犯罪原因考察后，社会因素和个体因素是影响犯罪发生、人身危险性或反社会人格形成的原因，并有针对性地予以个别化的处遇，对越轨行为进行早期预防，防止少年犯罪的发生等理论。

（4）刑事新派理论与少年越轨法的拓展：少年保护法。本章界定了少年保护的概念，并区分了少年保护与越轨的内涵。从对少年越轨行为原因的考察，比较了少年保护与少年越轨的关系，尤其是对于处于监护不当、遭受虐待、留守儿童、流浪儿童等监护困境中的儿童的保护即国家监护必要性问题进行了论证。为遭受家庭解组、刑事被害等儿童的信息隐私进行保护，排除新闻自由确有必要。少年保护法将属于私法领域的监护带入了以国家公权监护作为保障的监护领域，体现了刑事新派理论中社会责任论中国家、社会的责任和对社会环境的改造将有利于减少少年越轨行为发生。

（5）刑事新派理论与少年保护法的升华：少年福利法。本章分析了少年保护与少年福利的关系，进而论证了少年福利的全面性、平等性提供特性，少年福利法经历了由私力到公力、由对象到主体、由一元到多元的体系发展过程。少年福利法具有防患于未然的基本理念。少年福利法涉及基础教育、医疗、卫生等权利保障。少年福利法体现了刑事新派理论中科技资源整合理念。即刑事新派理论最响亮的口号：最好的社会政策就是最好的刑事政策。

（6）刑事新派理论是少年法的理论根基。本章先分析了少年法发展的基本规律，少年法发展经历了由少年犯罪个人责任到社会责任、从局部到整体、从亡羊补牢的刑事司法到防患未然的少年福利保障的发展过程。少年法的发展是对刑事新派理论的检验和实践。实践证明，少年福利保障即前置工作付出得越多，则打击犯罪的任务就越轻，而前置福利付出不足，则打击少年犯罪任务越重，总体上是会收支平衡的。但是对于少年个人和社会发展而言，则意义完全不同。无论是惩罚、保护还是教育，都是与家长身份相契合的少年法体系构建，体现了国家亲权基本理念下国家权责和社会责任的公担思想。刑事新派理论为少年法的发展指明了方向，少年刑法从成人刑法中脱离的必要性和必然性、少年法应以少年的健康发展为基本理念。而少年法发展中的创新与实践可为成年刑法等领域提供借鉴。尽管对少年法的发展内容不断扩充，少年法的保护主义理念与各国的本土文化不断融合，都离不开其发展的理论根基——刑事新派理论。

时代已经变了，社会生活环境变了，可是我们的教育理念没有变，从家长到学校再到社会，我们用不同的社会交往模式要求孩子。孩子在无可适从当中，谋求来自亲密伙伴的行为认同。于是，在学校的学习中得不到成就感的学生，在社会上游荡成了不稳定因素，在家庭中得不到特别的心理安慰，又会是处于一个想要引起注意的年龄，于是不同的人生际遇导致不同的孩子选择了另类的表达方式，或奇装异服或模仿成年人一样吸烟、呼朋唤友，或深夜游荡街头。这些现象或成为某种隐患或者成为担忧，引起我们注意的同时，有时却只能被回馈一声叹息。仅从域外的经验借鉴而言，对于少年的此类越轨行为通常预示了未来的犯罪走向，所以少年司法不仅局限于少年犯罪事件处理，还包括对此类行为的社会调查和干预。诸如美国一些州的家庭儿童福利部门，有专门的社会调查员对此类越轨行为的少年问题进行街头访问并跟踪调查，帮助其脱离街头生活，或通过立法的方式对少年实行宵禁制度，帮助少年建立良好的外部环境。对于我国的少年法实践而言，有一些还是"睡"在纸上的抽象规范。就少年法发展规律和刑事新派理论对少年发展的关系而言，以国家亲权理念为指导，构建独立的少年法体系，实现多层次的少年保护终为正道。

第一章　刑事新派理论概述

19 世纪的欧洲不仅迎来了早期工业革命和资本主义经济的高速发展，也遭遇了前所未有的累犯、少年犯罪等严重社会问题的困扰。旧派刑法理论对犯罪的应对和阐释已经无法抑制日益增长的犯罪率。当社会整体面临的矛盾聚焦至极时，一些变革在悄然之间孕育。刑事领域的懵懂开启主要以意大利和德意志（普鲁士）为引领，做出了突破性的构思与行动：既然人的心理不再受万能的上帝控制，也不受绝对理性的掌管，到底是什么在决定人的行动？意大利犯罪学家龙勃罗梭通过实验科学来分析犯罪原因，寻求犯罪现象背后深层的问题之源。他用收集到的 101 个意大利罪犯的头骨和 1297 个意大利犯罪人的体征验证了自己的犯罪原因设想，并开创了刑事新派理论的第一个理论学派——犯罪人类学派。是什么样的社会文化或自由土壤孕育了这朵刑法学理论中的奇葩？观其生成基础，方可洞晓理路所在。

第一节　刑事新派理论的产生

"任何史学研究不能仅局限于某几个名人或伟人，因为他们同样不能脱离所生活的年代，受着同样的文化传统、社会背景的熏染和浸润，才能形成独自的思想。"❶ 因此，对同时代环境背景的解读是理解一个思想流派

---

❶ 葛兆光. 中国思想史［M］. 上海：复旦大学出版社，2004：3.

生发的前提和基础。诚如英国历史学家柯林武德所说"一切历史都是思想史"，意大利史学家克罗齐更是提出"一切历史都是当代史"的论断。鉴于无法穿越百年时空，来到欧洲中世纪的大地上冷眼旁观时间流过历史变迁，我们只能怀抱着接近真实的愿望，不免带有主观的视角来解读历史、重塑历史的形象，我们的手段也只能是通过史料中存留的只言片语，拼接出 19 世纪欧洲的一条历史长廊。就这段历史而言，最醒目的两样东西早已被梁治平一语道破，他说："使得西方社会由中世纪跨入近代的东西，同时也是世界史据以形成的契机，那就是科学和西方资本主义。西方人凭借这两样东西改造和征服世界，这就是西方近代史。"❶

一、社会背景

（一）资本主义经济发展

1. 资本主义生产模式导致流动性人口增加

19 世纪后半叶，欧洲迎来了变化迅猛的工业时代，传统农业经济模式崩溃，很大一部分失地农民成为资本主义工业生产的储备大军，城市化进程也随着工业时代的到来迎来了发展扩容的全盛时期。随着工业生产对劳动力人口需求的猛增，大量的失地农民涌入城市。"古老的农耕制农业土崩瓦解，工业使得资本主义的工资关系对越来越多的人口可用，与此同时，人口本身也在以非常快的速度增长。欧洲的人口从 1800 年的 1.8 亿人增长到了 1914 年 4.52 亿人，这些数字仅仅讲述了故事的一部分。大规模的欧洲人口在美国、加拿大、南美、南非、澳大利亚和西伯利亚繁育。这些地区的总人口在 1800 年大约是 5.675 百万人，1910 年增长到了 1.317 545 12亿人，因此，世界各地的欧洲人口翻了三倍以上。在三个主要的资本主义国家，即英国（包括威尔士）、德国和美国，数字甚至更引人注目：假设 1800 年的人口为 100 人，那么 1910 年的人口就是 495 人，

---

❶ 梁治平. 寻求自然秩序中的和谐 [M]. 北京：商务印书馆，2013：357.

在110年的时间里，增长至最初数字的将近5倍。"❶ 人口的迅速增长不仅意味着资本主义经济发展所需劳动力供应的充足，同时也意味着城市里新增了大量的需要满足衣食住行的流动人口和大量的公共设施及服务。在资本主义社会中，劳动力的流动性也意味着城市生活的陌生人社会交往模式。人与人之间的关系不再单纯是基于血缘关系的远近亲疏，而是个人掌握的财富决定人的社会地位，加之流动性财富的易剥夺性，这不仅为侵犯财产性犯罪提供了动机也为其提供了便利。在自由资本主义发展的早期，手中握有财富的人为了保护个人私有财产，加之受残酷的封建刑罚思想的残余影响，死刑成为打击侵犯财产类犯罪的首选。死刑无分年龄、无分后果，被任意适用。于是，欧洲大陆便发生了一起骇人听闻的死刑案例——一个7岁的女孩因为偷了一个面包被绞死。如果说传统的熟人社会是扁平型的结构且具有对称性，那么新型的陌生人社会则是复杂的网络状结构，一旦产生社会问题，往往不是单一的原因所造成，而是多重原因组合的结果。人类社会步入较之以往更加复杂的社会关系，同时也产生了更加复杂的社会问题。诚如德国社会学家贝克所言，现代社会是解构性的，即解决社会问题的同时会有相应的新社会问题出现。因此，必须积极应对人类社会发展自身所创造的社会问题，而不是期望能彻底地消灭所有社会问题。

2. 医学技术进步使得死亡率下降

"对整个欧洲而言，死亡率这个数字从早期的31.0%下降到了1900年的25.9%；对于西欧而言，1840年的死亡率是26.6%，而1912～1913年是14.9%。出生率也下降了，但没有死亡率下降得那么迅速。理论医学和实践医学、医院及卫生管理的进步，意味着几大死亡原因的实际消失：天花、霍乱、伤寒症、肺结核（就多数病例而言）。财富的增长意味着有更好的营养，因而增强了对疾病的抵抗力。资本主义，在与马克思所说的远为不同的意义上创造了它自己的无产阶级。"❷ 死亡率的下降也意味着人平

---

❶ 弗雷德里克·L. 努斯鲍姆. 现代欧洲经济制度史 [M]. 罗礼平，秦传安，译. 上海：上海财经大学出版社，2012：221.

❷ 弗雷德里克·L. 努斯鲍姆. 现代欧洲经济制度史 [M]. 罗礼平，秦传安，译. 上海：上海财经大学出版社，2012：222.

均寿命的延长。一定程度上，不仅延长了个体工业劳动力的工作时间，也为工业社会合格劳动力的培养提供了更加宽裕的预备期——为青少年学习时间的延长提供了条件。

（二）少年犯罪问题凸显

在城市容量急剧扩张的时代背景下，犯罪率亦明显上升。工业革命主要是技术革命，带来了无差别的男女生产能力，进而将女性从家庭生活中逐渐解放出来，伴随的后果不仅是家庭收入的增长，还有儿童犯罪率的增长。原来紧密的家庭生活关系和社会生活关系，变得松散而动荡。"根据人口统计学的观点，工业化降低了出生率和延长了人的寿命，但也形成了青少年进入社会生活的特殊时期。随着工业化和随之而来的童工法案的通过以及正规教育的发展，青少年——目前正处于最易于犯罪年龄的人——已成为一个特殊的群体。工业化不仅造成了人口统计学上的改变而且还造成了人口大规模流入城市，其结果是农村中的青年人所占的比例和城市中的青年人所占的比例都增高。"[1] 发展心理学的观察结论也从一个侧面印证了这一说法，即青少年时期是个人成长发育过程中，学习能力最强、发展最快的一个阶段，也是逐渐摆脱依赖获取独立地位的阶段和人生中最易冲动的阶段。

随着工作机会的流动性而伴随着的地缘改变，无论是给成年人还是给未成年人均带来了一定程度的不安和焦虑。"在工业化出现以前，由于青少年几乎没有独立性和受到父母的严密监督，少年犯罪是一种罕有的现象。城市环境和父母走出家门就业，同伴之间交往增加促使同辈的青少年中容易发生的青少年犯罪，从而助长了违法者低文化群。"[2] 而青春期的伙伴精神和超强的模仿能力，使得青少年犯罪行为易于表现为一种群体性现象。于是，成人社会对稚嫩的青少年的看法不再是"乖巧、伶俐而有用"

---

[1] 路易斯·谢利. 犯罪与现代化：工业化与城市化对犯罪的影响 [M]. 何秉松，译. 北京：群众出版社，1986：38.

[2] 路易斯·谢利. 犯罪与现代化：工业化与城市化对犯罪的影响 [M]. 何秉松，译. 北京：群众出版社，1986：23.

的家庭好帮手，而是可能随时会惹是生非的流动犯罪大军。至此，少年犯罪问题已经成为社会瞩目的大众化问题。

二、文化背景

（一）新媒体发展

"媒体当时居于新颖的和令人担心的、公众的和私人的、个人的和集体的事物的交叉点上。主要的媒体是印刷品，它以各种形式，特别是以报刊的形式，将对人们的思考和对事物的发展演变起一种强大的共鸣箱作用。……报纸产生的社会影响从此不再被人怀疑。1870 年，巴黎报纸每天发行 100 万份，1914 年每天发行 500 多万份。这个城市有报纸 57 种。与此同时，外省报纸也多种多样，激活了最滞后的专区，从 1870 年到 1914 年，发行量从 30 万份一跃而上升到 400 万份。"❶ 纸媒的发展，为各种街头巷尾的小道消息堂而皇之的成为人们生活中的重点话题提供了便利。无论是"高大上"的科技、文化、文学思想，还是某个暗夜街角的抢劫犯罪都以前所未有的速度被传播着。报纸的销量往往可以直接反应出当时人们的文字阅读能力。对于这一日常生活技能（如阅读招工广告）的掌握，是需要长期的普及教育才能够实现的。而教育资源的掌握从教会垄断到与世俗教育共生的发展趋势，不仅反映在欧洲高等学府的广泛成立和学生就业面拓宽，更体现在一般大众阅读能力的提升。据考证，1215 年英王与诸封臣签订《自由大宪章》时，因为无书写能力，原稿上都是用印章代替签名。从贵族到平民阅读能力的发展，不仅为欧洲提供了文明，也为颠覆旧的封建文化和宗教统治锻造了利器。科学技术的传播、先进思想文化的普及无一不是插上纸媒传播的翅膀在欧洲大陆自由翱翔。

（二）近代科学发展

19 世纪的欧洲，曾经由上帝和鸟类管控的领域——天空，曾经由魔鬼

---

❶ 乌里·西里内利. 法国文化史［M］. 杨剑，译. 上海：华东师范大学出版社，2011：65.

和虫类占据的空间——地下层，都成为人们研究和思考的对象，人类的思想绽放于生活各个领域。"19世纪末的时代是一个充满创造与发明的时期。科学成为学者的主要工具，世界所经历的知识变革带给人类生活无数的改变。大众传播的发展使得原来天各一方的各个文化产生了密切的接触。自由女神此时被带进了纽约，埃菲尔铁塔、艾比森的小说、沃地的音乐及梵高的画都在此时创造出来。汽车、飞机、电报、电灯等均是当时的产物。医学与科学结合，使研究者发现了细菌以及对抗的方法。弗洛伊德创立了精神分析学，爱因斯坦提出了相对论。19世纪与20世纪初的种种创造发明是科学应用在解决人类生活问题的产物。这种方法获得的知识可说是空前未有。在这种把科学应用到工业的巨大潮流下，使得一般人相信，凡是关心人类生活的人都应该保有以科学研究来达成人类至善的观点。"❶ 第二次工业革命的到来，牛顿力学、达尔文的进化论、斯宾塞的社会有机体论，将自然科学领域的实验和观察的方法引入社会科学研究的领域，实证主义成为19世纪时代的印记，作为一种时髦的社会实践方法，实证主义不仅席卷了学术界，也深入到日常生活，对科学现象的实践观察，甚至成了日常生活中必不可少的娱乐。人们开始思索纯粹理性的逻辑得出的人类拥有自由意志的结论，是否可以用科学的方法加以论证。而经过百年的思索和努力，人类至今无法论证自由意志的存在，就像我们无法证明上帝的存在一样，仍是一道无解的题。

三、理论背景

"在中世纪和现代早期……关于犯罪的基本观点认为，先天的堕落（innate depravity）和魔鬼的教唆（instigation of the devil）引起了犯罪。例如，直到19世纪，英国的起诉书（English indictment）中还提到：起诉被告人犯罪，不仅是因为他违反了法律，还因为他'受到魔鬼的引诱和教

---

❶ 法兰克·威廉斯三世，马玉琳·马克萧. 犯罪学原理［M］. 周愫娴，译. 台北：桂冠图书股份有限公司，1992：26.

唆，并且目无上帝'。此外，直到 1862 年，北卡罗莱纳州最高法院（Su-preme Court of North Carolina）仍然宣称，'知道什么是正确的，但是仍然不断地追求错误的，这一定是受到了魔鬼的诱惑。在过去，犯罪控制的基本原则就是根据神的指示对犯罪人进行拷问。'"❶ 可见，在中世纪神意具有绝对统治地位的情况下，人是没有思考能力的动物。另有种说法"总的来说，教皇的作用与种种历史传说迥异，教皇政权刺激了欧洲理性主义的发展，限制了独裁政权，弘扬了人性，而不是相反。"历史永远都不会只有好或坏的一面，人类总是在不断地寻求更好的发展。于是，抛却不合理的落后便成了追求新事物的基础。正是破除中世纪暗黑宗教文化的启蒙思想将人类从为神代言的宗教控制下解放出来。启蒙时代对生命权、自由和平等的宣扬和传播，为贝卡利亚等古典刑法理论的开启者提供了思想的沃土和发挥人类自由思考的疆域。除旧立新的刑法理论先驱用启蒙思想中自由、平等等理念对旧封建刑法理念进行了反抗和铲除，为刑事新派理论的产生奠定了思想和理论的基础。

（一）旧派理论的产生：摆脱神意法的控制

启蒙思想的衍生推动了古典旧派学者对封建刑法的抨击。整个欧洲的中世纪就是一段皇权与教权的斗争史。最终，皇权的胜利也在一定程度上意味着人类认识世界能力的提高和自然科学的发展进步。早在中世纪以前，人们把无法解释的问题留给了上帝，消除对未知世界的不安。但换来的不仅是万能上帝的庇护，还有残酷的宗教裁判和随意的刑罚杀戮。例如，布鲁诺因支持哥白尼的"日心说"被宗教神权处死。"日心说"不仅揭开了神意笼罩人类精神世界的遮天幕布，也开启了人类利用科学揭秘自然的活动。在卢梭、伏尔泰等启蒙思想家的倡导下，人性、自由、平等理念渐渐深入人心。在启蒙思想的影响下，自然法中宣扬的人性、自由意志、平等的精神成为时代烙印。人性的光辉同样指引着刑法理论的思考。

---

❶ 埃德温·萨瑟兰，唐纳德·克雷西，戴维·卢肯比尔. 犯罪学原理 [M]. 吴宗宪，译. 北京：中国人民公安大学出版社，2009：82.

于是，在时间的滋养下，被无声无息地浸润着的心怀梦想的人打破封建刑法中恣意而为的神法垄断、向宗教裁判的残酷宣战，人类理性成为挑战"神性"的利器。在旧派理论形成之前的欧洲法律是以神学为主导的宗教法、教会法为主体的法律体系，甚至还不好说是否具有现代意义上法律体系的内涵。旧派理论是在神意与理性的斗争中，站在理性胜利的山岗上竖起的一面法学的旗帜。无论如何，旧派理论所主张的理性是时代进步的产物，是与蒙昧的中世纪教会法、宗教法的擅断和宗教垄断相决裂的产物。"理性"是人类摆脱神学独立思考的硕果。当然，某种意义上讲，理性的胜利也隐含着某种无法言说的偶然性和必然性，中世纪人们对神意的信仰远超人类本身，神明启迪是万事的起点。但是发生于13、14世纪席卷整个欧洲的黑死病，莫名其妙地将神明的传递者教士一并带入天堂的时候，人们开始思考神明是否是公平的。这种偶然性的历史事件，无疑推动了哲学思考的革命性发展。在封建主义法治下，在神意指引下形成的罪刑擅断和广泛适用的严刑峻法，古典刑法学派通过对启蒙思想即生命权、自由、平等思想在刑法领域的运用明确了犯罪是自由意志的结果、刑罚处罚的是行为而不是主观恶意、刑罚的正当性根据在于报应。

1. 从神意"决定论"到自由意志

前期古典刑法理论学派代表人物意大利刑法学家贝卡利亚开启了近代刑法理论的大门，成为第一个宣扬人性、罪刑法定、罪责刑相适应的思想者。他将犯罪的原因归结为人的自由意志，将犯罪原因从神意的控制下解放出来，不再将犯罪的原因归结于魔鬼的诱惑，从根本上划清了现实审判与宗教审判的界限。正如被誉为将哲学从天上带到了地上的苏格拉底一样，贝卡利亚可以说是刑法学界的苏格拉底，他将人类审判与神意审判之间的关系斩断。由此，上帝的归上帝，凯撒的归凯撒。贝卡利亚的刑法理念认为人有趋乐避苦的本性，因此，会因地制宜地选择为或不为某种行为，而刑罚惩罚是具有社会危害性的行为，不是内心的恶念。他将犯罪人从魔鬼的控制下解救出来，并给了人在犯罪面前趋乐避苦的理性思考空间，提出了人在刑罚面前应有的尊严，反对残酷的刑罚手段。被誉为现代刑法学之父的意大利人费尔巴哈更进一步地论证了功利主义思想指导下刑法威吓即通过对行为人的"心理强制"可以起到压制犯罪的作用。在启蒙思想的奠基下，自由成为时代的口号甚至被内化于心的理念，自由被无限标榜和赞扬，同样自由也成为个人负担起行为结果的基础和前提。因此，"每一个人，只要没有彻底变成野人，就都具有能够进行认真地思考和判断的发达的道德意识"。❶尽管有学者评价"在康德的理论中，一个不能证明的实在的或道德的原则，如上帝的存在，自由意志，或不朽，这些只能信仰，为的是使我们的道德责任成为可能"❷，使得康德的纯粹理性与上帝的虚无缥缈联系在一起，但是我们仍应看到康德哲学的时代进步性。即康德将神意之下的人，置于与神同等地位的绝对理性的拥有者之位。从人类自我解放的角度而言，其贡献无疑是空前绝后的，因为人类理性已经达到了无以复加的至高无上的地位。在刑法学领域，人因为具有自由意志，则可以选择为或不为合法或违法的行为。因此，人对自己的犯罪行为负责在于其行为违反道义，社会对行为人的行为可以进行道义上的非难。古典刑事理论学派提出的自由意志是处罚犯罪的个人基础（内在基础），而道义非难是处罚犯罪的社会基础（外部基础），由深层挖掘可知，其全部的理论基础是建立在卢梭的社会契约论基础上的，其深层的政治伦理在于国家和个人之间是一种平等的契约关系（精神）。而根据契约精神，民主、平等是双方建立契约的基础性前提。

2. 确立罪刑法定原则

封建宗教法惩罚人的思想，用残酷刑罚维护上帝权威，区别于宗教法的任意性和残酷性，资本主义早期刑法强调刑法的明确性、稳定性和人道主义精神。"在欧洲中世纪，统治者很少思考刑罚权的正当性问题，与大多数人的信仰、道德背离的行为，不但被评价为违反善良风俗的行为，同时也常被当成是可罚的犯罪行为，处以严厉刑罚。例如，在中世纪被烧死的异教徒就不计其数。"❸费尔巴哈主张权利侵犯说，明确了犯罪行为的确

---

❶ 康德. 法的形而上学原理：权利的科学 [M]. 沈叔平，译. 北京：商务印书馆，1991：13.

❷ 撒穆尔·伊诺克·斯通普夫，菲泽. 西方哲学史 [M]. 7版. 丁三东，等，译. 北京：中华书局，2005：740.

❸ 周光权. 法治视野中的刑法客观主义 [M]. 北京：法律出版社，2013：20.

立当以权利侵犯为基础，阻断了封建刑法处罚"思想犯""道德犯"和"宗教犯"的正当性。他提出了著名的拉丁法彦："无法律则无刑罚，无法律则无犯罪"，强调了法律规定的明确性和预示功能，对于保证国民自由及其合法权益具有划时代的意义。

3. 报应刑为刑罚划定合理的界限

"从总体上看，无论是前期旧派还是后期旧派，都赞成报应意义上的一般预防。但从理念上分析，前期旧派更倾向于一般预防，后期旧派受康德、黑格尔影响，对报应稍有偏重。"❶ 报应观念的产生和坚守，始终是古典刑事理论反对封建"等级刑法"和酷刑的必要手段，也是古典刑事理论坚持犯罪由"自由意志"产生的必然结论。尽管贝卡利亚和费尔巴哈曾有一般预防的功利主义思想的火花，仍然没有改变古典刑法理论中报应主义刑罚观的实质内核——刑罚从恶出发、以恶为终点。即刑罚实现预防或对罪犯而言的心理赎罪功能，都建立在"报应"即刑罚的"恶"实现的基础之上。

报应刑论——立足于个人，谋社会的安定。关于报应刑的学说发展阶段有多种解读，如认为根据报应主体的不同，可以将报应主义划分为神意报应、道义报应和法律报应三个阶段；有以报应主义观点的倡导者具有的代表性为标准，认为报应刑的观点可以从康德的等量报应到黑格尔的等价报应，再到宾丁的报应刑三种观点。后者显然是对法律报应的细分。康德追求的等量报应，主张刑罚应代替私人报仇、家庭和家族的私斗，从而使报应的权利转移到一种当权的法院手里，这种法院将中立地根据正式的规则来处理案件，并且由此实现和平。❷ 德国古典唯心主义哲学的集大成者康德主张刑罚等量，即形态上相同，与宗教信仰中劝导向善即善恶有报的逻辑几乎相同。"如果你偷了别人的东西，你就是偷你自己的东西；如果你打了别人，你就是打了你自己；如果你杀了别人，你就杀了你自己。"❸ 这种看似与实际不符的论断实际上是建立在康德的哲学理论基础之上的。

❶ 周光权. 法治视野中的刑法客观主义 [M]. 北京：法律出版社，2013：76.
❷ 克劳斯·罗克辛. 德国刑法教科书 [M]. 王世洲，译. 北京：法律出版社，2005：36-37.
❸ 康德. 法的形而上学原理 [M]. 沈叔平，译. 北京：商务印书馆，1997：165.

即人是作为一种理性思维的存在，人的行为是其理性决定即自由意志的选择。因此，人是抽象的、平等的。当人被抽离出具体现象时，剩下的行为产生的作用力自然就可以不分你我的互相转换作用于彼此身上了。进而，可以得出他的报应观即等量报应的必要和正当。因此，施与受如同物理力学中的力与反作用力的关系，才是对人理性犯罪行为的正确回报。即使是共同犯罪作用于一个被害人的身上的效果，也应当从每个共同犯罪人身上获得全部报偿。由此他坚定地认为"不论实施，还是命令，或者已经一起共同实施了谋杀的杀人犯有多少，都必须使他们全部承受死亡的痛苦。"从积极的一面来看，康德的报应主义刑法思想有限制刑罚滥用并超过报应限度施用任意刑罚的抑制效果；但从消极的一面看，康德哲学思想的继承人的刑罚思想不可避免地使刑罚手段退回到"同态复仇"的阶段。黑格尔提出的等价报应理论则摒弃了康德等量报应理论中的不合理因素。黑格尔进一步用特有的抽象逻辑思辨能力展现了其等价报应的观点，"犯罪的扬弃是报复，因为从概念上说，报复是对侵害的侵害，又按定在说，犯罪具有在质与量上的一定范围，从而犯罪的否定，作为定在，也是同样具有在质与量上的一定范围。"❶ 因此，报复不是同态复仇，而是价值的等同。黑格尔认为刑罚应是一种等价报应，刑罚对不法行为的报应，即是对法秩序的恢复。黑格尔将其辩证逻辑思维运用于对刑罚的适用分析，即刑罚的适用以自由人的暴力行为为基础，该暴力行为是对实定法的侵害，是对法的否定；而刑罚是对该暴力行为的否定，否定之否定的过程，就是对实定法的一种肯定，也客观上证明了法的效力。虽然，此处黑格尔对法的概念使用上有失偏狭，即将刑罚划出法之外，但对于等量报应的观点而言，具有相当的进步意义，且其坚持对于刑罚的适用应当是以自由意志支配下的侵害行为为基础的。但黑格尔不承认诸如威慑和改正这样的预防目标是刑罚的目的，他反对对犯罪人进行报应时被附加上任何功利的目的，因为人不能成为手段，只能是目的本身。报应不是为了未来，而是对过去的评价和总结。因为刑罚是犯罪人自己的法，所以施以刑罚，正是尊重犯罪人的理

---

❶ 黑格尔. 法哲学原理 [M]. 范扬，张企泰，译. 北京：商务印书馆，1996：104.

性存在。恰恰是犯罪人自己提供了刑罚的概念和尺度。由此，犯罪人的行为和对其施以的行为都是犯罪人自己的理性选择结果，犯罪人不因犯罪而丧失理性仅成为有害的动物，犯罪人也不应当被当作防止他人犯罪的手段，否则就是对犯罪人理性的不尊重。"这是刑罚的根基，按照这种方式，就像人们举起棍子打狗，并且，人将不是按照自己的荣誉和自由被对待，而是像一条狗一样被处理的。"❶ 尊重人理性的选择，而不是把人当成预防他人犯罪的手段，才是保证对人施以刑罚的正当性。同时，不能因为报应没有预防他人犯罪的功能，而无视报应的好处。报应的好处就在于他为刑罚的适用提供了必要的限度，防止刑罚适用的恣意性，也避免了为了功利主义的预防犯罪的目的，对犯罪人施以过度的刑罚，即为了公共利益而牺牲了个人自由。因此，唯有报应才是正义的。因为康德和黑格尔都看到了报应刑论的自由保障功能，所以两位唯心主义哲学大师终生秉承报应刑的刑罚理念，绝不向功利主义妥协。德国著名刑法学者罗克辛亦在总结报应刑的内涵时提出"报应理论不是在追求任何对社会有用的目的中考虑刑罚的意义，而是通过让罪犯承担痛苦的方法，使行为人由于自己的行为而加于自身的罪责，在正义的方式下得到报应、弥补和赎罪。……刑罚应当是正义的，条件是：必须与其所要弥补的恶行持续的时间和严重程度相适应。正是过去的同态复仇原则——以眼还眼，以牙还牙，还在背后支持着报应理论。从历史上看，这个理论绝对正确地描绘了刑罚的发展"。罗克辛亦肯定了报应刑的积极意义。但我们始终不能回避的是报应刑并没有如同黑格尔和康德期待的那样仅仅实现了等量或等价性的报复。无论两位大师是否承认，报应刑适用的过程中同样可以起到预防他人犯罪的功效。正如贝卡利亚预见的刑罚的效果不在于其严厉性而在于其不可避免性。这种预防功效的发挥或追求不在于其是否突破了犯罪人理性限度的刑罚量，而在于刑罚适用的准确性。因此，报应刑具有为刑罚划定合理界限的功能。

---

❶　黑格尔. 法哲学原理 [M]. 范扬，张企泰，译. 北京：商务印书馆，1996. 转引自克劳斯·罗克辛. 德国刑法教科书 [M]. 王世洲，译. 北京：法律出版社，2005：36-37.

(二) 新派理论的准备：科学的普及

自从启蒙思想将人类从上帝的全能下解放出来后，人类最大的兴趣不在于自然而在于自身，因为人们不再相信是上帝缔造人类，不是人人都可以步入天堂和地狱之门，关于人类最本源的问题便成为一个最大的迷，我们从哪里来？将到哪里去？我们为什么会存在？我们为了什么要存在？一切有关哲学根本的本体论、认识论和价值论的问题对那些富有怀疑精神的头脑而言不再是"绝对理性"或"纯粹理性"等无法被证明或证伪的解答所能安抚的。虽然在现代化的科学技术面前，早期科学主义精神明显稚嫩甚或伴有迷信的色彩，但它仍然具有开拓性地将人类认识世界的方法引向了全新的实证科学领域。

1. 由抽象哲思转向物质实体

当世俗教育打破神学教育的垄断，当人们开始反思神意无法解释的诸多现象时，世俗教育和神学教育涉足领域的楚河汉界便清晰可见。"牛津的一名圣芳济各修道士——奥卡姆的威廉——则对托马斯主义大综合论发起了全方位的攻击。奥卡姆认为，上帝和基督教教义都是彻底无法证明的，人们只能以信仰的方式接受之。由此而来的结论是，对人类理性的应用，必须被局限在可见的现象领域里。奥卡姆的世界观是这样的：世界源自某个深不可测的创造者，是不可预料的。由这种世界观看来，只有在作用于直接可见或可被直接感知的事物之时，理性才是有意义的。他那种激进的经验主义排除了一切的形而上学——至少是所有那些归于逻辑学和哲学名下的他的哲学也生出了一种全新的动力，推动了对自然现象的逻辑观察。奥卡姆的威廉切断了神秘和理性之间的联系，为未来的哲学照亮了两条途径：或者是不受逻辑拘束的神秘主义，或者是无关信仰的自然哲学（也就是社会科学）。"❶ 实际上，被"信仰"逐出的理性显然在自然哲学的领域找到了驰骋的疆土，在此领域理性任意发挥并有了长足的发展。而

---

❶ 朱迪斯·M. 本内特，C. 沃伦·霍利斯特. 欧洲中世纪史 [M]. 8 版. 杨宁，李韵，译. 北京：上海社会科学出版社，2007：420.

理性的发展则深深地扎根于其产生的基础即对自然现象的逻辑观察,进而引领人类认识世界的方法从思辨走向了科学,从抽象走向现实。人类理性的目光不再只向往远方"看不见、听不见"的神的世界,而是驻足于可以观察、可以触摸的现实世界。

2. 由思辨理性倒向实践理性

科学是开在人类理性基础之上的智慧之花,科学取得文化霸主的地位不代表它就站到了理性的对立面。科学精神被引入对犯罪现象的研究并非龙氏的首创。"犯罪研究具有实证主义取向的作品,最早要算是一八二〇年代比利时的昆泰雷与一八三〇年代法国的加里。就如同物理科学检验资料一样,他们两人检验了一些欧洲国家的社会统计数字,例如,昆泰雷把几率理论用在这些资料上,产生了一个'个人平均'的概念,然后再把这个概念扩展到犯罪率的研究上。他的发现之一是,犯罪率因气候与季节之不同而不同,他也观察到我们今天所知道的犯罪者有年龄与性别的差异。"[1] 这表明了犯罪学研究方法的转变。具体言之,第一,实证的科学研究手段被运用于犯罪学研究。即用科学的手段,将"人"作为特殊的观察对象,从相同或不同的犯罪行为特征中发现犯罪人的个体差异。它所体现的正是自然科学手段用以研究客观世界的归纳逻辑;第二,将犯罪学的研究领域从抽象思维领域带入现实生活领域。将人置身于其所处的生活环境中来考察和分析犯罪与环境的关系,体现了对自由意志在决定犯罪行为发生时作用的质疑,企图从现实世界中寻找犯罪原因。此时,实证理论学派的研究手段的特殊性、先进性与先验性已崭露头角。

"其他早期的作品,大部分是生物学家与生理学家的杰作。他们研究人体,企图建立人体与行为之间的关系。有些作品明显地奠立了犯罪学的基础。16 世纪的一位相命家波特认为身体的特征与犯罪学有关。19 世纪初,有一些脑学家研究并测量头形,想找出人脑与行为的关系。脑学家高尔与史波斯汉,相信人脑的特征可以由头盖骨的形状反映出来。他们以及

---

[1] 法兰克·威廉斯三世,马玉琳·马克萧. 犯罪学原理 [M]. 周愫娴,译. 台北:桂冠图书股份有限公司,1992:29-30.

他们的信徒开始把这些头形与行为的关系记录下来，尤其是有关异常行为的部分。19 世纪 30 年代，甚至有一本有关脑学的期刊曾在美国昙花一现过。"❶ 正是这样一种混合了"朴素的迷信、正确的常识、审慎的观察"❷ 的中世纪医学为犯罪人类学之父龙勃罗梭的实证犯罪学产生埋下了伏笔。然而，犯罪学朝着科学性迈进的路上并不是一帆风顺的。神意决定论往往与宿命论有着不可割舍的联系，而从实证派的研究起源与相命学的瓜葛中，我们似乎看到的是历史的倒退，即人有自由意志吗？如果有，为什么我们不能选择我们的容貌，是什么决定了我们千差万别的外形？正是基于此点疑虑，古典理论学派认为他们好不容易才将人类从神意决定论的桎梏下解放出来，而使用科学的观察和研究方法的实证派就想将之推翻，实有唐突。因此，从犯罪学领域开始，新旧刑事理论学派指正似乎就无可避免。

第二节　刑事新派理论的基本观点

19 世纪后期，由于达尔文进化论所产生的广泛影响，科学兴趣爱好的广为流传，提倡科学主义的实证研究方法成为对社会生活现象和人类行为的法则性与因果性考察的重要手段。甚至对科学现象的观察和实验已然成为人们日常生活娱乐的一部分。刑事新派理论的早期阶段犯罪人类学派便奠基于此社会背景之下，科学主义成为新派理论研究的基石。

一、犯罪原因论：决定论

科学主义的精神是刑事新派理论重要属性所在。科学主义是对现实的

---

❶ 法兰克·威廉斯三世，马玉琳·马克萧. 犯罪学原理 [M]. 周愫娴，译. 台北：桂冠图书股份有限公司，1992：30.

❷ 朱迪斯·M. 本内特，C. 沃伦·霍利斯特. 欧洲中世纪史 [M]. 8 版. 杨宁，李韵，译. 北京：上海社会科学出版社，2007：335.

细致观察和思考的结果，是对理论判断进行客观检验的方法。实证的研究方法不仅迎合了19世纪欧洲的整体文化氛围，更加丰富了实证科学所涉足的领域——犯罪领域。刑事新派理论从犯罪生物学派出发，采取科学实证的方法来研究犯罪原因。后经理论传承和发展，进一步对犯罪原因等领域进行研究，其揭示的犯罪原因主要可以分为社会、心理和生物等三方面，并由此形成了刑事实证学派的三大支流，即刑事社会学派、刑事心理学派和刑事生物学派。其中，刑事生物学派又可称为犯罪生物学派，刑事心理学派又可称为犯罪心理学派，二者又被统称为犯罪人类学派。按照刑事社会学派的领军人物——德国著名刑法学家李斯特的观点，犯罪生物学和刑事社会学的观察视角不同，因此，得出的结论各异。犯罪生物学是将犯罪人当成观察对象，观察取点为犯罪人及其周围事物两个层面；而刑事社会学将社会背景当成观察对象，观察取点为社会环境与其中生活的犯罪人。也是基于此，新派理论对犯罪原因的考察基本上经历了由"个体原因绝对论"到"个体原因决定论"再到"社会原因决定论"的发展历程。

（一）个体犯罪原因绝对论

1. 生物学角度的天生罪犯

刑事新派理论发端于意大利犯罪学家龙勃罗梭的大量实证研究。他提出的"天生犯罪人"论，论证了人的生物性特征与犯罪的联系，并认为犯罪是人类的一种返祖现象，是不可避免的。沿着这一思路，刑事新派理论在犯罪原因的分析上，完全采用实证研究的方法，以期用更多的数据归纳出犯罪原因。新派理论的实证研究使得旧派理论中被抽象了的行为人再度变得具体而真实，行为人的个体差异受到了应有的关注。龙勃罗梭以其精湛的医学技术和富有开拓性的创新思想开创了犯罪生物学派。龙勃罗梭对101个意大利犯罪人的头骨进行研究和对1279名意大利罪犯的人体进行测量和相貌分析之后，发现惯常性犯罪人经常表现出许多特点，如"毛发稀少，缺乏力量，体重轻，头骨容积小，前额后缩，额窦发展明显，……"最后得出结论：犯罪是一种返祖现象，是犯罪人的兽性本能，其犯罪的原因由其生理因素决定。❶ 因此，犯罪如同"出生、死亡、妊娠一样，都是一种必然现象"❷。由此，犯罪就成了如同生老病死等自然现象一样将是人无法选择或避免的人生经历。

2. 心理学角度的自然犯

从龙勃罗梭的犯罪生物学到加罗法洛的犯罪心理学理论适用对象的限缩——从全体罪犯到自然犯的圈定——我们看到了新派理论发展的实证性和科学观察的严谨性。加罗法洛于1852年出生于意大利，著有《犯罪学》一书，该书标志着一个崭新学科——犯罪学的诞生。加罗法洛是龙勃罗梭的学生，他的思想和龙氏一脉相承，同时在许多方面又有所突破，形成了自己独到的见解。自然犯罪观是加罗法洛学说中最有特色的理论，加罗法洛从犯罪与道德、情感的联系出发，将犯罪分为自然犯罪和法定犯罪。法定犯罪是法律规定予以禁止的行为，法定犯罪的本质不一定是恶劣的。而自然犯罪违反了人类最基本的两种道德情绪：怜悯和正直，是真正的、本质的犯罪。❸ 基于此，加罗法洛认为"真正的罪犯是缺乏正常发展的道德情操之人，具有心理缺陷，是心理素质异常之人，和社会环境无关"。❹ 自然犯的犯罪现象几乎是与人类社会共生的一种社会现象，有着深厚的、朴素的社会伦理基础，具有相当的稳定性。而加罗法洛基于其提出的"心理异常理论"，认为犯罪行为的发生主要不是受外部环境所迫，而是受个人心理素质影响。由此，他认为犯罪是由于心理异常所引发并决定的，犯罪行为是不受外部环境影响的，而是由内心异常素质所决定的。

(二) 人类学因素决定论

意大利刑法学家恩里克·菲利师从犯罪学鼻祖龙勃罗梭研究犯罪学，尽管其提出了犯罪人类型化分的观点，但其并不赞成龙勃罗梭的天生犯罪

---

❶ 切萨雷·龙勃罗梭. 犯罪人论 [M]. 黄风，译. 北京：中国法制出版社，2005：324.
❷ 切萨雷·龙勃罗梭. 犯罪人论 [M]. 黄风，译. 北京：中国法制出版社，2005：325.
❸ 自然犯罪观是加罗法洛思想体系的基石和核心，自然犯罪是实质性的、真正的犯罪行为，因而也是犯罪学唯一的研究对象。马克昌. 近代西方刑法学说史略 [M]. 北京：中国检察出版社，2004：182.
❹ 马克昌. 近代西方刑法学说史 [M]. 北京：中国人民公安大学出版社，2008：191.

人的说法。所以后来他放弃了龙勃罗梭的观点。其所持的观点原属于刑事人类学派范畴，后转而采取刑事社会学派的思想和主张。菲利提出了犯罪原因三元论，即任何犯罪，都是犯罪者生理条件、特定的自然条件和犯罪者所处的社会环境综合作用的结果，其中，犯罪者所处的社会环境包含从犯罪者出生到工作时期其所处的连贯性的社会环境。由此，菲利主张影响人犯罪的原因三元因素可以被概括为三个方面即人类学因素、自然因素和社会因素，且首要因素为人类学因素即"个体犯罪原因决定论"。其反对环境对犯罪起决定作用的观点。他认为如果社会环境对犯罪起决定作用，那么就不能解释社会生活中的很多现象。例如，在相同的社会环境下，同样面临生活困境的人，有的人选择为合法行为、有的人选择为违法或犯罪的行为；有的人仍能保持对生活的乐观态度，有的人会选择自杀；有的人能够抵御金钱的诱惑，有的人却可能为了金钱出卖自己的灵魂。这就说明了人类学因素决定了个人的行为选择，而不是环境迫使人作出什么样的选择。他是承认犯罪人的个体差异的，即"罪犯的生理状况包括颅骨异常、脑异常、主要器官异常、感觉能力异常、反应能力异常和相貌异常及纹身等所有生理特征。罪犯的心理状况包括智力和情感异常，尤其是道德情感异常，以及罪犯文字和行话等。罪犯的个人状况包括种族、年龄、性别等生物学状况和公民地位、职业、住所、社会阶层、训练、教育等生物社会学状况。"❶ 而昼夜相对长度、四季、平均温度和气象情况及农业状况等自然因素对于人的心理特质的养成也起到一定作用，因此犯罪的自然因素也是影响犯罪发生的重要因素之一。犯罪人类学因素和自然因素是具有相当的稳定性和客观性的，不易改变。犯罪的社会因素则通常是指一些人为制定和调整的、可以进行理性选择和后天安排的社会政策性内容。具体"犯罪的社会因素包括人口密集、公共舆论、公共态度、宗教、家庭情况、教育制度、工业状况、酗酒情况、经济和政治状况、公共管理、司法、警察、一般立法情况、民事和刑事法律制度"。菲利强调犯罪人类学因素在

---

❶ 恩里科·菲利. 实证犯罪学［M］. 郭建安，译. 北京：中国政法大学出版社，2004：143-144.

犯罪中的决定性作用，但其认为犯罪的三元因素是一个相互联系、相互作用的关系。因此，我们会发现不具有典型特征的犯罪人在特定的地域中、特定的社会环境作用下实施具有一定特征的犯罪行为，且其犯罪数量具有一定的规律可循，既不会完全消灭也不会突破必要的限度。这就是菲利提出的犯罪饱和法则。刑事心理学派从犯罪人的心理以及人的个性心理状况及其发展规律等来查找原因，比如不同心理气质的人，可能在面临矛盾时的解决方式不一样，有些人可能就会用激愤的方式解决，包括犯罪。由此可知，菲利不同意龙勃罗梭天生犯罪人的观点，但是认为犯罪人类因素对犯罪发生的影响大于社会环境因素的影响。人类因素为影响犯罪的首要因素，但菲利认为"人类学方面的因素仅适用于惯犯和天生犯罪人"❶。

菲利提出了犯罪饱和论和犯罪人定型论，倡导社会责任论，提倡发展刑罚替代措施。其提出犯罪与刑罚的严厉性之间并没有直接的关系，严刑峻法不能有效地控制犯罪，而只能是通过对引起犯罪原因的调整和控制才能有效地控制犯罪。

(三) 社会环境决定论

在新派理论产生的特殊时代背景下，社会结构的重大变化带来了包括犯罪率上升，尤其是青少年犯罪问题突出的社会现象。刑事新派理论的社会学派正是在此基础上形成的理论体系。

1. 否定自由意志

新派认为人们在行为时可以做出自由选择，纯属幻想。对于同样拥有精英思想的新旧派理论的代表人物对犯罪和刑罚的问题看法不一、各执一理，也说明了环境可能会改变人的想法，而不是一旦人决定了什么立场就不会变化。新派所处的特定时代背景与旧派理论所处时代背景不同，前文已述。所以说即便是犯罪人在选择犯罪还是不犯罪时不是由其自由意志决定，而是会受当时的微观环境的影响，甚至可能会受大环境的影响。例如，严打时犯罪率明显下降。因此，在因果法则支配下，看似是自由意志

---

❶ 恩里科·菲利. 实证犯罪学 [M]. 郭建安，译. 北京：中国政法大学出版社，2004：33.

的选择，其实，可能是我们没有充分发现事物发生的因果关系所致。

2. 否定犯罪人类学因素决定作用

尽管新派理论的分支犯罪生物学派和犯罪心理学派都承认犯罪行为的发生会受环境的影响，但都是将犯罪人本身的特质放在决定是否犯罪的主要因素的位置。但是千差万别的个体在特定的社会环境下实施犯罪（如情景犯），且社会犯罪现象的规律性，似乎都否定了犯罪人类学因素的决定性地位。即相同或类似的心理、身体特质的人为什么没有都去实施犯罪，而只是部分人选择犯罪。这可能更多来自于对一些隐性因素的考察。比如，生活条件窘迫，但是却拥有美好希望的人，就不容易犯罪。刑事社会学派代表李斯特批驳了刑事人类学派的犯罪人类学因素决定论的观点，他提出："每个关于犯罪的纯生物学的观点，即仅从犯罪人的身体和精神特征方面寻求犯罪的原因，均是错误的。……尚未产生自然科学可接纳的状态犯的特殊类型。故此，龙勃罗梭及其门徒们的学说不攻自破。"[1]

3. 确立社会因素决定论

刑事社会学派重视犯罪的社会环境因素，社会环境因素包含国家的组织结构、公共政策、经济发展水平、贫富差距、就业率、人口比例、教育水平等内容。刑事社会学派代表人物德国刑法学者李斯特在其著作《德国刑法教科书》中，对犯罪原因进行了专门的讨论。他在认可犯罪人的个人因素的基础上，提出影响犯罪行为发生的主要因素为社会因素。其中作为外界因素的社会因素最重要的一项为经济因素。因一时的激情犯罪或偶发在危急情况下的犯罪人，如果一贯品行端正，则犯罪只是其人生中的一段插曲，行为人本身就会自责。而生性"粗鲁、残忍、狂热、轻率、懒惰、酗酒、性堕落等"[2]并逐渐导致心理变态的行为人更容易走上犯罪。李斯特将犯罪原因归结为社会因素和个人因素，认为："犯罪系由环绕犯人的社会关系及犯人固有性格所必然成立者"[3]；犯罪是个体素质与社会环境结合的产物，而环境即外界因素是首要诱因。故，李斯特所持犯罪原因论为

---

[1] 李斯特. 德国刑法教科书 [M]. 徐久生，译. 北京：法律出版社，2006：14.

[2] 李斯特. 德国刑法教科书 [M]. 徐久生，译. 北京：法律出版社，2006：12.

[3] 马克昌. 近代西方刑法学说史略 [M]. 北京：中国检察出版社，2004：205.

"社会环境决定论"。犯罪人的犯罪行为决定于个人和社会的综合因素时，社会亦应负有改善犯罪现状的责任。社会对犯罪人施以刑罚的基础性目标在于防卫社会，深层目标在于改善犯罪个人。因此，刑事新派理论的刑罚观即刑罚的个别化。其刑罚作用力的着眼点在于具体的犯罪人，而不仅仅是被刑法规范所类型化的"抽象行为"。

当龙勃罗梭著名的天生犯罪人思想传播到世界各地，不仅启发了他的欧洲同行，也使得一些杰出的犯罪学专家在美国大陆上诞生。然而"到20世纪，犯罪学理论方面的领先地位已从西欧转到美国人手里。……美国的犯罪学说占据了本世纪的国际犯罪学的统治地位。"❶ 这不仅有美国文化的影响，也与美国的高犯罪率有着直接的联系。而医学、心理学的不断进步也为犯罪学的研究提供了新的研究手段和技术支撑。美国的犯罪学研究也不再满足于一系列的犯罪学假设基础上进行半科学性研究，取而代之的是长期的、耐心的、务实的跟踪调查和实证研究。以实证研究见长的美国芝加哥犯罪学派便是其中之一。芝加哥犯罪学派深植于美国犯罪的现实土壤，以科学主义的精神研究分析美国的少年犯罪现象。这也为世界上第一个少年法院在美国的诞生提供了理论支撑。刑事新派理论对犯罪原因的考察，奠定了刑事新派理论发展、延伸的基础。

刑事新派理论受自然科学的影响，认为社会的运转同样无法逃脱万能的因果律。因此，在为犯罪寻找原因的道路上，科学地验证结论否定了古典理论学派的意志自由论。古典理论的意志自由虽无法被证成，但是人类的自由和责任感才是刑法的基础。无论我们将限制人身自由的处罚称为刑罚还是保安处分都无法掩盖它具有强制性的不利后果的根本属性。无论我们的刑罚目的是教育还是报应，对于行为人而言，都不会是他从主观上通过犯罪所希求获得的报酬。一贯的行事风格为什么会有一贯性，不仅有自由意志还有行为环境的惯性使然。有学者提出"意志自由，不是指完全不需要条件及自动行为意义下的'狭义的非决定主义'的自由，而是指人能

---

❶ 路易斯·谢利. 犯罪与现代化：工业化与城市化对犯罪的影响 [M]. 北京：群众出版社，1986：15–16.

超越因果决定作用的能力，这个意义下的积极意义的自由"。❶ 人类对因果律的认识同样不能逃脱人类认识能力的暂时性和有限性的藩篱。当我们不能理解他人的行为时，我们可能认为他如果不是疯了，就是傻了，我们永远都是在用自己的逻辑和经验来判断他人的行为，即便是互换角色思考也无法做到真正的感同身受。但不能否认意志清醒的人做或不做某事是有其特定原因的。只是我们不能用一般人的标准或我们自身的标准来推定他行为的原因所在。我们所预设的标准就是我们认定的因果关系标准，可能对行为人而言并不适用，但是我们又没有发现他内心思考的因果关系。基于此而得出他的行为是自由的结论，这个命题是有狭窄的限制条件的，即我们没有发现常态意义上的因果律时，就推定他没有。这也是为什么一旦实践中出现骇人听闻的杀人案时，社会公众甚至是法律职业者均会表达出惊讶并质疑行为人精神是否正常的原因。实际上，行为人的行为也是有他的原因的，可能是我们并不知晓的秘密。❷ 对于具有一定程度自由意志的个人而言，人类认识的有限性不能保证因果决定论中的推论绝对性。因果关系的确定性是否被周延地认识到，往往是无法得到验证的。因此，决定论会让犯罪原因的寻找继续，以求发现因果律、行为和心理的新疆域。假定自由意志的存在和个人负责是个人遵守规范和违反规范时被施与刑罚的基础。自由意志生成的心理决定机制，是符合决定论的，但是干扰影响心理决定过程的因素进入个体思考范畴的却不是行为时形成的，而是早先的生活经历、社会环境或个体素质所决定的。影响刑事新派理论决定论的自然科学原理——牛顿力学中的部分观点虽被新近发现的科学研究结果所否定，但是客观上也证明了人类认识的有限性，犯罪不是机械决定论，而是

---

❶ 李文健. 罪责概念之研究：非难的实质基础 [M]. 北京：国家图书馆，1998：103.

❷ 如马加爵故意杀死了四名室友，后潜逃，大众推断被害人平素欺负马，对其有怠慢，所以马才杀人。但是中国人民公安大学教授李玫瑾在其书中表达了不一样的看法：马是因为打牌时对四名室友揭了短，其看黄色电影的事情被大家知道了，不想让此信息继续扩散所以杀人灭口。姑且不论此种分析是否符合真实情况，但可看出不同的人对于因果律的解读是不同的，对于认为马精神有问题的，当然属于认为没有原因的杀人；对于认为马正常的犯罪行为，也是被决定的即传统的道德伦理观念主使；认为马是因泄愤杀人的，也提出了错在被害人的推断。但有一点是明确的，马以这种方式解决问题显然是有他的原因的。只是，这个原因众说纷纭。

具有高概率的因果关系论。也就是说，人类认识的规律往往具有认识事物真相的最大可能性，却无法保证他的绝对准确性。对社会和自然包括人类本身的认识和改造是在思考中前行并伴有高风险的自觉过程。带着美好的理想和目标，人类历史进入了具有解构性的后现代社会，即进步的同时伴随着新时代的问题。

二、犯罪论立场：人身危险性

加罗法洛提出对罪犯的考察不应局限于其行为的客观危害结果，尤其是在手段不能犯等特殊犯罪形态中，可能"行为本身是没有危险的，但是，这种事实状态并不能阻止行为自身去揭示危险性"。[❶] 由此，实证主义学派将"立法者的注意力引向罪犯，而不是犯罪，并且根据比较重要的目的因素来助力刑法的进步，保持刑法的尊严"。[❷] 菲利也认为犯罪人的道义责任是不确定的，而仅依据犯罪人的道义责任用刑法条文非个别化地评价犯罪人是不适当的，刑法评价和考察的应该是反应了不同犯罪人的反社会性人格。质言之，对罪犯定罪量刑的依据不是道义责任，而是其反社会人格。刑法中引进人格，是否有违罪刑法定原则，成为新旧两派论辩所在。

（一）功利主义之下的人身危险性

广义的人身危险性是指实施犯罪的可能性与再犯可能性。狭义的人身危险性就是指再犯可能性。本书采广义的人身危险性概念。人身危险性长期以来与社会危害性被作为一对对立范畴成为刑法学者争论的重要阵地。但是人身危险性不应当仅仅是被纳入刑法观察领域后才被热议的问题，因为人身危险性的形成不是一朝一夕之功，而是经年累月的岁月养成，具有一定的稳定性。对于人身危险性的观察和考究不是单纯的概念之争，而是

---

❶ 加罗法洛. 犯罪学 [M]. 耿伟，王新，译. 北京：中国大百科全书出版社，2004：278.
❷ 加罗法洛. 犯罪学 [M]. 耿伟，王新，译. 北京：中国大百科全书出版社，2004：288.

作为具有政治属性的刑事政策制定时，必然考虑现实人文环境。因为刑法规范的地域性且与国家主权相伴，具有国家强制力做保障，所以刑法规范的选择必然被赋予了多重目的。刑法法律的适用不仅具有打击已然犯罪的功能而且被赋予了防范未然的预防功能。这一功利主义价值目标的实现，尤其是特殊预防能否实现关键在于对再犯可能性的掌握和判断。换言之，人身危险性的考量是刑法特殊预防功能实现的关键。刑法"法律本身并非是目的，而是为了达到特定目的的手段，在法律制度中扮演制裁者或强制者的角色，故刑法亦可谓法律工具的中砥，与其他法律相形之下，具有较为强烈的工具性。刑法固然以实现法律正义为其最高目标，但因刑法的痛苦性与强制性，而容易被统治者滥用，作为维系其统治权的工具，或作为打击对手或反对者，以达成统治目的或推行政令的法律强制手段，致使刑法偏离公平正义，而沦为政治工具或统治工具"。❶ 换言之，刑法与政治天然的联系无法割舍，而刑法公正的价值追求又成为其与政治保持距离的必然要求。似乎人身危险性在政治国家的法域中就成了一柄双刃剑，如何保持它斩掉的是真正的犯罪而不是正当的人权，这不是人身危险性概念本身的问题，而是由使用的方式来决定的。因此，刑法的功利主义价值追求决定了犯罪的本质即为人身危险性，而如何实现刑法的人权保障功能，根本不在于对人身危险性的考察，而在于考察的方法。

（二）人身危险性原则的立法化

旧派刑法理论提出的意志自由论认为在意志自由平等的情况下，犯罪行为是行为人的自由选择，因此，犯罪行为都是行为人思想的外在表现，反之，表现于外在行为的才可以用来评断行为人的思想。因此，行为具有定型或确证行为人主观自由意志的功能。行为刑法可以有效反抗封建刑罚的罪刑擅断，即处罚思想犯、道德犯等封建刑法弊端。于是，新旧刑法理论学派又有行为人刑法与行为刑法之争。二者的争论焦点又在于人身危险性与社会危害性之争。前文已述，人身危险性是行为人刑法中的一个核心

---

❶ 林山田. 刑法通论 [M]. 北京：北京大学出版社，2012：25.

概念，是刑法政治性的必然选择。行为人刑法是指在对行为进行犯罪评价时，考察行为人的人身危险性，是以行为人实施行为的社会危害性为基础的，反之，考察社会危害性必然也要考察行为人的人身危险性。我国刑法修正案中，法定犯的不断增加，无不体现了社会生活环境发生变化的情况下刑事政策所作出的相应调整。如抽象危险犯的不断增加，危险驾驶入刑、生产和销售有毒有害食品罪处罚的前置、恐怖主义犯罪的打击范围的扩大等。这些变化无一不体现着社会整体环境变迁下，社会刑事政策所作出的反映，即防卫社会的现实手段就是刑法处罚前置和犯罪圈的扩大。对于部分无法测定危害性的行为，规定为犯罪处罚似乎已经脱离了客观主义刑法所坚称的优势所在即责任主义。当今社会的风险类型，是一种区别于传统社会自然风险的新型社会风险。如核泄漏、生物遗传技术、转基因食品等无法估量风险发生后可能造成什么样的损害后果的情况下，即自然科学尚且无法论证可能造成何种后果的情况下，刑法如何在责任主义的基础上认定其行为构成犯罪。

（三）人身危险性的判断标准

"主观主义"是判断人身危险性的标准。旧派刑法理论主张客观主义，即刑法评价的是人的行为而不是人的思想。而后，新派理论却提出了行为人刑法，即应当考察行为人的人身危险性，考察行为人的主观面，主张主观主义。从字面上，似乎有倒行逆施之嫌，往往这一点也成为拥护旧派刑法理论的"客观主义"行为刑法的有利攻击点，即主观主义的行为人刑法，有违近代刑法理论中最伟大的"罪刑法定"原则。而罪刑法定原则是一个具有划时代意义的伟大刑法理论进步，它具有统领或彰显刑法价值的作用。笔者赞同学者对罪刑法定原则的维护，但却不赞成以罪刑法定原则反驳主观主义的"行为人"刑法。该原则通过对法的明确性，来保障国民行动自由的实现。罪刑法定原则具有限制罪刑擅断的功能，罪刑法定原则配合着罪责刑相适应的原则，要求行为人的客观行为不违背"责任主义"，避免刑法评价的"结果责任"论的难题。人身危险性的判断是建立在客观行为表现基础之上的，而不是凭空想象的"欲加之罪、何患无辞"的主观臆断。笔者认为，无论是新派还是旧派理论，二者都认可的一个共同事实就是任何裁判都应当建立在客观证据的基础之上，而对于客观证据存有疑问的时候，通常会依赖于更加有利于被告的口供或辩解。这一刑事法律事实认定的过程，恰恰能反应人认识事物的规律，即由客观入手，但最终落脚点仍在主观。

按照我国台湾地区学者许玉秀的总结：犯罪论中的学术之争不过是一串的"主观与客观的迷思"。无论是判断行为人的主观是否明知，还是判断未遂犯的认定标准，都是在主观主义与客观主义之间的立场争执。"人身危险性"还是"社会危害性"的选择即行为人刑法还是行为刑法的选择是具有高度政治性的国家意志行为，具有较强的政策指导性，是刑法理论中的根本哲学性问题。人身危险性作为认定犯罪的标准，是功利国家的必然选择。"人身危险性"不等于向封建刑法的倒退和对人身自由权利的侵犯。它的倚重点在于对行为人主观面的考察，却不同于封建刑法判断行为人主观面时，从裁判人主观到行为人主观的裁判过程或思考逻辑。因为根据现代刑事裁判规则要求，如果在考察人身危险性时，不脱离行为人的客观行为，则不会出现思想犯；如果在考察社会危害性时，不脱离行为人的主观罪责，则不会出现结果责任。现在刑法理论界探讨人身危险性和社会危害性时，其共同的话语预设"都不是单纯地看主观或客观"，都是主观与客观的结合。人所实施的相同或相似的行为之所以被社会评价体系认可或否定，其根本原因在于支配行为的千差万别的心理活动。但刑法的评价不是只有主观没有客观，也不是只看客观不看主观的。"刑法主观主义由意大利的刑事人类学派和德国的刑事社会学派所组成，其核心思想是主张犯罪的本质是行为人的内心要素（反复实施犯罪行为的意思、性格的危险性以及虽未实施犯罪但具有将来实施犯罪的社会危险性）。"❶ 在倾向于考察人的主观面的人身危险性的犯罪本质论支配下，刑法主观主义采取主观主义的方法论来划定犯罪圈。主观主义通过评价行为人的主观对其行为的社会危害性的认知来判断行为所体现的人身危险性。

---

❶ 周光权. 法治视野中的刑法客观主义 [M]. 北京：法律出版社，2013：111.

三、刑罚论立场：特殊预防理念

基于刑事新派理论对犯罪原因的分析和研究，表明社会因素是人犯罪的首要诱因，个体人类学因素是重要因素。因此，社会对犯罪行为发生应当承担责任，尤其是社会公共政策制定者的国家更应当富有改善社会环境的职责。进而提出社会责任论，要求面对犯罪，社会还需从自身查找原因，正视行为人经教育改造后未来的再社会化问题。而不是仅采取暂时性或永久性剥夺犯罪人犯罪能力的刑罚措施就足矣。

（一）刑罚本质应当基于目的刑展开

报应理念会让刑罚功能单一——惩罚。报应不应是也不可能是刑罚适用的唯一原因和目的。因为报应似乎始终无法脱离它以暴制暴的原始形态。功利理念会使刑罚走向开放的视野。而功利主义的目的刑才是刑罚应有的形态。无论刑事政策赋予了刑罚什么样的功利目标，都无法改变刑罚威慑或阻遏犯罪的功效。因为这是刑罚区别一切非刑罚的社会规范的特征，也是刑罚作为打击犯罪、防卫社会最有效工具的前提。但是，刑罚的目的却不是实现报应正义，而是特别预防，通过对犯人的教育，避免其再次犯罪，以期社会和平、有序和安定。因为无论是基于公权力的恶还是私人欲望的恶，可能并无本质上的不同。但如果刑罚的本质起于善，可能刑罚处遇手段便别有洞天。人类从来都不缺少智慧，只是缺少发挥智慧的动机。如果为了改善犯罪人的性格，避免再犯发生能成为一个善良的动机，我们的刑法体系当然可以构建出一个有效的教育体系。正如有学者发现监狱与教育体系运转模式雷同。即监狱作为一个国家机器，其文化形态与学校高度近似，"它们在开放性程度、施受关系、运作模式等方面有极大的相似性，即二者外在环境的封闭或相对封闭性、主体与对象的支配与被支配关系，受教对象的集中性，心理锻炼和智识、技能的渐进提高等方面都有较大相同之处".❶ 我们能教育好没有犯过错的人，同样能教育好犯了错的人，可能犯过错的人会更加珍惜。

（二）特殊预防论之具体内容

1. 刑罚个别化

刑罚作为对犯罪行为治理处遇措施，也是人们基于经验性认知得出的思维结晶。然而，"刑期无刑"的理想追求在人类理性的支配下却可能南辕北辙。人类惊人相似的发展历史，都告诉了我们"乱世用重典"是治理犯罪的不二法宝。将其称之为理性的整体缺失也好，亦或是理性的功利选择也好，无外乎是求一个治乱图"快"。然则，压制过后的爆发会给重刑论一记当头棒喝。于是，冷静过后的理性告诉我们要"对症下药"，而不是一味下猛药。特别预防思想的集大成者李斯特在其著名的《德国刑法教科书》中提出了刑罚的目的、手段、执行方式。他认为如刑罚的目的在于改造罪犯，帮助其塑造健康的性格成为有利于社会的人，那么就应当关注犯罪人的个体需求。只有了解各犯罪人的个体需求才能准确地施以他需要的刑罚或帮助。而刑罚的强度调整也是刑事政策调整的要求，刑罚的个别化理念应当成为帮助犯罪人再社会化的重要手段。但是，"如同在决定刑罚的内容方面不可忽视犯罪人以外的刑罚效果和行刑效果（一般预防）一样，在确定犯罪构成方面，也不可忽视刑事立法的一般性规定".❷

2. 防卫社会的非刑罚方法

刑事政策只是一个治标不治本的犯罪对策，是"亡羊补牢"法，具有一定的滞后性。而社会政策的选择才是标本兼治的犯罪治理对策，是"防患未然"法，具有一定的预见性。

尽管加罗法洛在分析犯罪原因时强调犯罪人心理异常导致道德低下的自然犯罪是不受环境影响的，但是其认为在对非习惯性的罪犯，例如为不良榜样所影响的青少年犯，处刑时应当考虑如何使青少年迎接新生活，对

---

❶ 陈伟. 人身危险性研究 [M]. 北京：法律出版社，2010：91.
❷ 李斯特. 德国刑法教科书 [M]. 徐久生，译. 北京：法律出版社，2006：9-10.

此有效路径在于改变青少年犯的生活环境、习惯和工作性质。隔离的刑罚手段不应当就是最节约成本的社会治理手段，彻底改变犯罪人的反社会性格才是一劳永逸的正确选择。李斯特也有论述"社会政策的使命是消除或限制产生犯罪的社会条件；而刑事政策首先是通过对犯罪人个体的影响来与犯罪作斗争的"。● 他看到了刑事政策的局限性，也看到了社会政策强大的犯罪防治功能。社会政策发挥实效的根本路径就在于消除产生犯罪的社会环境。"最好的社会政策就是最好的刑事政策"便充分地阐明了李斯特防止犯罪全民总动员的刑法理念，虽然是从犯罪出发却是放眼全社会的思考犯罪这一社会问题。

"在现代刑事政策研究方面的一个重大成就是，最终达成了这样一个共识：在与犯罪作斗争中，刑罚既非唯一的，也非最安全的措施。刑罚不应该是对应犯罪的唯一法律后果，犯罪的法律后果应当是多元，否则'刑罚'就只具有报应的功能和意义。"❷ 从刑事问题的微观立场放眼全社会，从个体生活的微观环境到社会的宏观环境中寻找治理犯罪问题的有效路径，成为整个刑事社会学派治理犯罪现象的终极答案。菲利针对可能引发犯罪的社会环境进行了分析，并提出了解决问题的立法建言。如可以提供公共信息贷款解决高利贷犯罪、调整公职人员工资防止贪污贿赂犯罪、改善乡村交通设施防止乡村抢劫、提供公共照明和低价住宅防止抢劫、强奸行为发生、提供老年或病弱工人保险防止侵犯财产型犯罪以及开辟农业殖民地防止流浪者犯罪等。❸ 菲利坚信一套完善的社会治理体系能够提供一个可以使大多数选择为合法行为的生活环境，这不是单纯的一部刑法典能够做到的。

3. 防卫社会反对少年监禁刑

菲利认为对于偶犯而言，预防胜于镇压，尤其是预防性措施对于少年犯而言能更加明显地减少犯罪的效果。当然，他探讨的少年犯包括了流浪

● 李斯特. 德国刑法教科书 [M]. 徐久生，译. 北京：法律出版社，2006：15.

❷ 李斯特. 德国刑法教科书 [M]. 徐久生，译. 北京：法律出版社，2006：22.

❸ 恩里科·菲利. 犯罪社会学 [M]. 郭建安，译. 北京：中国人民公安大学出版社，2004：201-202.

儿童（他所生活的年代流浪是一种犯罪）。然而，通常情况下流浪儿童为了生存所实施的小偷小摸的行为，不仅使得有一定财产的人不胜其扰，也会成为街头不文明的一处风景。因此，不得不对其行为进行处理，但是对于流浪儿童的刑罚处罚又显得太重。事实证明，对于有的人来说他们犯罪仅仅是为了谋生存，如果正当的、没有风险的途径可以保证他的基本需求，谁又会选择去犯罪？菲利提出按照刑法典的要求对青少年进行责任分级是不正当的，应当针对青少年的心理和生理需求提供替代刑罚的帮助措施。"依照这种制度，永远不能对未成年人实行监禁。"❶ 不得不说这是一种美好愿景。正如李斯特所说，刑罚从私力报复到公力救济的转变就意味着私力救济任意性的丧失。公权力的动用不可能是为了满足个别私人复仇的欲望，秩序才是刑罚适用的终极追求。报应不是公力救济的本来面目和直接追求，而是有目的的政治行为。所以功利主义既是个人采取行动的根本原则，也是政治合体国家行动的根本原则。将国家功利主义的政治性一面推向极致的福柯认为：表面各异的刑罚等正式和非正式的社会治理手段均是社会（国家）对人类"规训"的本质。从宏观叙事的角度，总结出现代的社会控制手段比封建酷刑不相上下，对人的自由干预领域无所不及。这也体现了现代文明下陌生人社会中，人与人的心理联系变弱的情况下，社会控制模式增强的需求。刑法作为国家重要的社会治理工具亦不例外，它既要求其他社会规范的配合，也是整个社会治理手段（工具箱）中的重要一员。教育刑是实现目的刑的手段之一，目的刑的实现还应有更多的手段。教育以达到教化即教育和感化为目的，而报应以惩罚达成其恢复被犯罪所破坏的法秩序的追求为目的。

第三节　刑事新派理论与旧派理论评析

"中国的刑法理论没有产生真正意义上的学派之争，甚至有学者表达

---

❶ 恩里科·菲利. 犯罪社会学 [M]. 郭建安，译. 北京：中国人民公安大学出版社，2004：319.

了在中国都还没来得及展开学术画卷刑事新派理论就已经消亡的论断。"❶
果真如此吗？中国刑法理论学界长期热议的理论问题：如意思自由与决定
论、个人责任与社会责任、形式法治与实质法治、报应刑与目的刑、责任
刑与预防刑、主观主义与客观主义、行为刑法与行为人刑法、行为无价值
与结果无价值、规范违反与法益侵犯，真的是完全跳出了新旧刑法理论学
派之争的理论刑事视域，亦或是社会生活发生变化的情况下，刑法理论对
新问题的新说，还是在新旧刑法理论之争的基础上进行的？有学者评论
说，新旧理论学派之争的根本在于三观不同即世界观、人生观、价值观的
区别。旧派主张从自由意志出发客观评价危害行为，等价予以报应刑的惩
罚，以通过"心理强制"实现消灭犯罪的目标；新派主张从社会决定论出
发考察行为人的人身危险性，施以个别的目的刑，通过"教育"手段消灭
犯罪。

一、犯罪原因论：自由意志论与社会决定论

哲学既包括本源性的本体论，即是什么；也包括认识论或称方法论，
即为什么；还包括价值论，即为了什么，或称价值追求即理性人为或不为
一定行为想要获得的效果或功利性的价值追求是什么。所以，面对犯罪现
象或称犯罪人，我们不仅要知其然，还要知其所以然。

(一)"单一原因"与"复杂原因"

在犯罪原因上，旧派基本上持自由意志论，即认为人是理性的、抽象
的及具有自由意志的人。人在面对矛盾冲突的时候可以理性地决定犯罪或
是不犯罪。由此，犯罪原因是单一的、由人的自由意志所决定的。而新派
理论认为犯罪是由犯罪人的个体素质和社会环境共同决定的，是复杂原因
导致犯罪的产生，且环境往往具有决定作用。李斯特在其《德国刑法教科
书》中阐述了犯罪的原因，首要诱因在于外部环境，包括失业、恶劣的居

---

❶ 张明楷. 外国刑法纲要 [M]. 北京：清华大学出版社，2007：18.

住条件、低工资、酗酒等；重要原因在于人的个体差异，包括性格、爱好等。美国学者对过去两百年来世界各地犯罪现象进行归纳总结中发现，经历相同发展历程的国家所遭遇犯罪早期的各种现象惊人地相似。但通过不同的刑事政策及社会政策的调整，各国的犯罪现象得到了不同程度的治理。其中，日本和瑞士的犯罪大大低于其他类似国情的国家，原因在于该两国为国民提供了不同于其他国家的生活环境，也在改善犯罪环境方面成绩斐然。菲利基于其提出的犯罪饱和论认为，要控制犯罪的发生数量，只有从改造社会环境及刑罚制度着手。对于改造社会环境，菲利还提出一些措施，如生育控制、自由移民、改变税收制度（对于民生必需品课低税，对于酒类课高税）、充分供应就业机会、兴建平价劳工住宅、增设街灯并提高亮度、改进婚姻法律、妥善规范娼妓制度、控制武器的制造与持有贩卖等。❶

（二）"抽象人"与"具体人"

旧派理论认为由于自由意志决定人的犯罪与否，因此，每个人与刑事法律发生关系，即需由刑事法律加以评价的个人都是可以被抽象为具有平等的自由意志的抽象人，而无须考虑其个人素质的差异，除非是其道德控制能力减弱的精神病人或未成年人。在古典刑法理论中，人被抽象成了一系列的概念，而自由意志就是人这个概念中核心的定语之一。它是建立在资本主义价值观"人人生而平等"的基础之上的，是资本主义人权理念在刑法领域的展开。犯罪的人，都被抽象成具有自由意志的个体，而无论出身、社会地位等物质条件的高低，都必然可以推导出"罪刑平等"的原则。这在与封建等级刑法的斗争中，当然可以取得优势。但这种观念上的平等，并不等同于所有实施相同行为的人的原因都相等。刑法评价体系的人被抽象成了一个整齐划一的脱离其生活环境、犯罪环境的"评价对象"，此种抽象并不符合客观实际。因为人之所以能够区别于动物的关键在于人有思想，而且思想各异。

---

❶ 林山田，林东茂. 犯罪学 [M]. 台北：三民书局，1990：34.

然而，正如人类自己创造了自己的历史，并在自觉与不自觉的共同作用下决定着自己的历史发展方向一样，人被置于其生活的环境才能被称之为人。这一点是由人的社会性所决定的，即如果没有人与人交往的社会环境，人就无法发展他社会性的一面，无法学习"社会人"所必须掌握的社会生活规范、伦理道德规范等的生存条件。事实证明，"个人并非什么孤立的个体，而是社会动物。他或她是什么以及做什么，都是社会性地、历史性地决定了的。那么，行为人就不必或不能承担个体责任了。在诺里看来，要弄清楚这种方法的道德意义，社会首先要考察对犯罪人的报应，我们必须找准行为人所处的在个人与社会之间辩证地维持平衡的真实背景，个人并不是孤立的个体，不只是一个微不足道的人体符号——一只所有没有人的实质内容的装饰物都可以往里填充的容器。……简而言之，这里，其本身就是真实而有意义的责任，仍然与其他人和与使之成为自己的社会有关系"。❶"我"作为一个个体既是受"我"所处社会关系的影响的对象，又是会影响我所处社会关系中其他个体的主体。只要是考察人的问题，就不能脱离人的社会性，孤立地看待人的存在。

（三）"报应刑"与"预防刑"

古典理论学派认为人的自由意志是犯罪的根本原因，故，刑法应当通过对犯罪人的惩罚，使其为犯罪付出相应的代价，以抑制住其恶的一面。理性的人会趋利避害、趋乐避苦，如果刑法惩罚所带来的痛苦大于或等于其犯罪所得的快乐和收益，那么理性人就会选择不犯罪。而新派采用很多科学实证的方法和理论，对旧派进行了许多批判性的反思，提出了"决定论"。尽管龙勃罗梭以"天生犯罪人"论而成名，但龙勃罗梭通过对犯罪人的实证研究后，认识到了对少年犯罪早期预防的可能性和必要性。他经实践观察发现孤儿、贫穷儿童等面临生活困境的儿童有更大的可能性变成犯罪人，国家应当像慈善家一样，施以援手，主动为善行，通过建立收

---

❶ 威廉姆·威尔逊. 刑法理论的核心问题 [M]. 谢望原，罗灿，王波，译. 北京：中国人民大学出版社，2015：58.

容、教育机构帮助贫困儿童。虽然龙氏的犯罪原因分析颇为武断，总给人一种主观臆想的感觉，但是他至少使后来的犯罪学研究者看到了少年犯罪与家庭成长环境可能存在某种关系。而家庭成长环境是可以被调整的，因此，改变这一个条件可能会有利于少年犯罪的早期预防。这也是人具有可教化的一面的确证。报应是回顾性的判断和追责的一种单向行为，而早期预防则是前瞻性的干预和预防犯罪的一种双向互助——儿童与社会的双向保护。

二、犯罪论：社会危害性与人身危险性

（一）犯罪本体论——社会危害性与人身危险性之争

犯罪本体论也可以被称为犯罪本质论，即犯罪的认定具有什么样的本质。对犯罪的本质论断就是对犯罪的抽象概念，能准确划定犯罪的范畴。

1. 犯罪本质的双重性——社会危害性与人身危险性的统一

"什么是衡量犯罪的真正标尺，即犯罪对社会的危害。"[1] "贝卡利亚提出的犯罪社会危害性标准是对封建刑法根据人的阶级和等级地位确定刑罚及其执行方式的否定，因此，他的绝对客观主义态度在当时是十分进步的和有利的。同时，由于他注意到客观主义的量刑标准所掩盖的'因人而异'的不平等，因而在刑事政策领域也提出了一些特殊预防的策略，但这种策略毕竟只是一种朦胧的、不系统的设想，贝卡利亚尚未从理论上解决一般预防和特殊预防这两种策略的矛盾。"[2] 就司法实践经验而言，并不存在只有社会危害性或人身危险性一面的行为或行为人。只是在一个存在体中，二者无法保持绝对的等量对应，即有多少人身危险性就有多少社会危害性，有多少社会危害性就能彰显多大的人身危险性。我们不能因为某个行为彰显的社会危害性与人身危险性的不精确匹配就否定了犯罪的任一面本质的存在。

---

[1] 贝卡利亚. 论犯罪与刑罚 [M]. 黄风，译. 北京：北京大学出版社，2013：22.
[2] 贝卡利亚. 论犯罪与刑罚 [M]. 黄风，译. 北京：北京大学出版社，2013：167.

2. 犯罪本质的选择具有时代性

犯罪本质的双重性给了学者解释和探讨的空间，也给了政治国家选择刑事政策的不同侧面。因此，社会危害性与人身危险性本来就是犯罪行为本质的一体两面，只不过是看待犯罪的切入点各有不同，缺少哪一面都不能称之为犯罪。法律作为具有相当政治性的社会治理工具，对犯罪的认定或犯罪圈的划定取决于一定治域内特殊的社会生活背景。古语有云：乱世用重典，盛世刑轻缓。所以，犯罪本质在刑事法规中的权威地位并不取决于其本质只应有哪一面，而是看当时的社会现实情况。这种不同并不取决于抽象的理论探讨，而是社会政治生活需要。仅以展现人身危险性和社会危害性的犯罪本质论孰优孰劣的重要阵地"不能犯"之争为例。诚如，"日本学者指出的，在德、法及英、美等多数国家的不能犯理论中，主观说占据主流地位"。❶ 这与各国社会现实有直接的关系。如日本在 20 世纪 70 年代之后，良好的治安秩序、低犯罪率都是日本刑法选择客观说缩小刑法打击范围的缘由。

3. 对人身危险性的担忧——突破罪刑法定原则

"盖依旧派主张虽在处罚行为，而结果仍系处罚行为者，依新派主张虽在处罚行为者，而结果仍系因行为者所为之行为而处罚。引申言之，即系行为者因行为所表彰之'犯罪性向'而处罚，且因'犯罪性向'之程度如何而酌定刑罚之轻重，实际上新学派对于因行为所表彰之'犯罪性向'加以观察，于观察之结果，不待行为者之实行，而先事预防，犹如侍疾之医生，不待疾病发生而先为预防，所谓犯罪预防者也。吾人对于实行此种犯罪预防之结论无用踌躇，例如对于无保护人之幼年者，当其未犯罪时，即须实施强迫教育，乃系认定刑罚为侵害他人自由之具，决不可滥于施用。换言之，即系科罚犯人须有确定之条件，未可但因犯罪嫌疑而科刑也。"❷ 新派理论认为犯罪预防行为要求发生于犯罪之前，其重要依据即在于对行为人人身危险性的判断。人身危险性这个概念可以被分割为三个阶

---

❶ 周光权. 法治视野下的刑法客观主义 [M]. 北京：法律出版社，2013：163.
❷ 翁腾环. 世界刑法保安处分比较学 [M]. 北京：商务印书馆，2014：48.

段来考察，即犯罪行为发生前、犯罪时、犯罪后。对于发生了犯罪行为的，理所应当受刑法规制，按照罪刑法定原则进行定罪量刑，且应当考虑到未来的再犯可能（实际就是对人身危险性将来时的考察），但是如果是尚未发生犯罪行为，即通过对前犯罪时人身危险性的考察，发现有犯罪之虞的人，就施与强制性的措施是否具有正当性？我国台湾地区学者施慧玲认为："以教代罚与个别处遇的立法原则，并发展出有悖于罪刑法定主义之虞犯概念。"❶ 的确，无论是虞犯的概念还是以教代罚、个别处遇的少年犯罪、越轨特殊处遇均已超越了罪刑法定原则，然而罪刑法定原则是报应刑理念在刑法规范中的体现。在少年特别刑法中，罪刑法定原则就不再是其基本原则，儿童最大利益原则才是少年刑法乃至整个少年法的根本原则，少年法中秉持的是功利主义而不是报应主义理念，即儿童最大利益才是衡量少年法是否有效或良好的唯一标准。有学者担忧"传统的教育刑论（主要是指李斯特等人）以'人身危险性'（即性格恶性）作为处罚依据，这就严重违背了罪刑法定原则，而且还会导致同罪异罚等恶果"。❷ 姑且不论"同案同判、同罪同罚"是否是个真命题，单就罪刑法定原则能否实现实质正义而言就有分歧意见❸。李斯特提出任何人除了遗传基因的影响主要是受到社会环境的影响。而环境既有微观的环境又有宏观的环境，微观的环境既有自身遗传特质的影响，又有家庭成长环境的影响，宏观环境可以大到社会环境的影响，甚至是国家宏观社会生活环境的影响，比如特定的历史时期、政治性导向，刑罚彻底沦为政治工具，成为有违基本人性的酷刑。即不同的环境可能会影响不同行为人的人身危险性塑造，也同样影响着人身危险性的改善。因此，单纯一个罪刑法定原则并不能实现刑法实质正义，刑法实质正义的实现需要对人身危险性的三个场域进行考察，查找病因、对症下药。

---

❶ 施慧玲. 家庭 法律 福利国家 [M]. 台北：元照出版公司，2001：280.
❷ 谢望原. 论欧洲法学家关于刑罚本质的认识 [J]. 中国刑事法杂志，1998（1）：90-94.
❸ 关于实质解释、形式解释论对罪刑法定原则的理解的纷争，就可以看出罪刑法定原则本身就还没有一个统一的明确的定论。

(二) 犯罪论中的主观主义与客观主义之争

世界观决定方法论的选择。新派理论认定犯罪原因来自于社会因素和个人因素共同作用的结果，因此对犯罪的认定更趋向于原因考察与治理对策，旧派理论根生于对封建刑法的思想的批判，因此它更注重于定罪的统一化与稳定性。当然，这一基础性认知的差异将会导致二者在规范刑法学中对犯罪的认定上产生根本性的分歧。"在刑法客观主义者那里，犯罪人都是抽象存在，自然没有犯罪人分类问题，因为进行这种分类没有任何实质意义：刑法不提起围绕实施或涉入司法视野的这种具体且有着特殊体质、经验、性格、经历、文化背景的人的知识，行为并不是行为者危险性单纯的征表。既然刑法不将重点集中在犯罪内部的、主观的部分，即不着眼于性格、人格、动机、目的、决定意志等方面，就没有必要把犯罪作为有经验的人的具体行为，犯罪就不单纯地是犯罪情操、危险性和反社会性的表现。所以，刑法客观主义者所看到的犯罪人是唯一的：通过一定的行为表现其自由意志的、具有理性的抽象人。"[1] 周光权教授认为刑法客观主义通过对被旧派理论自由意志抽象出来的"纸片人"的客观行为面进行评价就是最有利于贯彻罪刑法定原则的正义刑法。他强烈抨击人身危险性概念的"危险"，并认为罪刑法定原则本身坚决反对刑法主观主义的入场。始终抱有人身危险性与社会危害性二者存一的态度论证，刑法评价的对象应是抽象人而不是具体人、社会人。

我国台湾地区学者许玉秀在其著作《主观与客观之间——主观理论与客观归责》中论述了主观主义与客观主义的理论来源并导出了二者的本质区别。客观主义最早可追溯至贝卡利亚与费尔巴哈的理论，主观主义则来源于刑事实证学派。客观主义关注行为人行为及实害；主观主义关注行为人的危险人格或性格。[2] 诸多学者在主观主义与客观主义的争论中给出同

---

[1] 周光权. 法治视野中的刑法客观主义 [M]. 北京：法律出版社，2013：39-40.

[2] 参见许玉秀. 主观与客观之主观理论与客观归责 [M]. 北京：法律出版社，2008：5-8. 关于推定与推理的区别，参见劳东燕. 推定研究中的认识误区 [J]. 法律科学，2007（5）：117-126. 付立庆. 犯罪构成理论：比较研究与路径选择 [M]. 北京：中国人民大学出版社，2010：218.

样的假设，即近百年来司法实践证明，客观主义亦或可以说社会危害性理论取得了全面的胜利。主观主义亦或说人身危险性不具有现实可能性，与现代刑法理念相背离。但情况果真如此吗？少年刑法的确立、刑法理论中累犯、缓刑、假释等制度的存在无一不是以人身危险性即行为人的主观面为考察基础的主观主义在刑法理论中的践行。

所谓"主观主义与客观主义"的立场，从实践意义上看当更多的是一种裁判立场。裁判立场与裁判规则之间是有所不同的。社会危害性是一个静态的损害后果，而人身危险性是一个连续性的评价对象，是具有一定的时间跨度的。而对人身危险性的评价并不存在客观主义者所担忧的：因主观心态的难以认定而导致刑法评价的不确定性问题。其实这个问题无关主观主义还是客观主义，而是对于行为人主观心态评价时，所采取的证据裁判规则问题。如 2008 年北京奥运会期间，某男向某市公安局投递一封敲诈勒索信，如不向某账户支付 50 万元，便在某公共场所制造爆炸案。后公安机关为抓捕某男向其提供账号汇款 2000 元（敲诈勒索），在某男取款时将其捉获。按照主观主义刑法，行为人具有敲诈勒索 50 万元的主观心态，但实际上只取得了 2000 元的勒索款项，属于敲诈勒索 50 万元的犯罪未遂。按照客观主义刑法理念，行为人虽然提出敲诈勒索 50 万元，但是其实际获取 2000 元，客观上造成的实际损害是 2000 元，属于敲诈勒索 2000 元的既遂。此案为典型的控制下交付的行为，公安机关成为敲诈对象时，其犯罪主观动机不可能实现时，其犯罪的社会危害性取决于被害人的自愿被敲诈数额时，无论是以主观臆想还是客观被决定的犯罪金额都是不公平的，即从行为人的主观面考察行为人主观愿望不可能实现，从行为的客观面考察行为的客观实害性不具有客观性。所以此案无论是采主观主义还是客观主义立场均无法保证刑法适用的正义。

无论犯罪论中采取的是主观主义还是客观主义，都不是绝对的。经常有人用新派刑事理论关于人身危险性曾为"盖世太保"纳粹政府所滥用来抨击主观主义刑法的危险性或危害性。其被滥用的本质不是理论本身对刑法规范的界定，而是在刑事司法过程中对证据裁判规则的滥用导致的。正如，周光权教授认为应然状态下，主观主义与客观主义是相互融合的，但是鉴于刑法主观主义对法文化或法素养的高要求，在当下的时代背景下，还不具备适用刑法主观主义的客观条件。的确，面对复杂的社会犯罪现象，刑法主观主义的实行可能需要付出更多的社会成本，并且可能囿于犯罪学理论研究的落后现状，刑法主观主义发挥作用的效率会大打折扣，但是我们不能因此就断言刑法主观主义是危险的理论而忽视它的价值。

三、刑罚论：报应刑与预防刑

刑罚的正当不仅体现在公众的认同，还体现在犯罪人的认同。如果刑罚只是为了让犯罪人感受恶的报应，那么公权力下的恶的正当性与个人之间的恶有何本质的不同。"刑罚的正当性不在于使守法者被伤害的感情得到维护，也不在于采取报复行动（道德上是不适当的），而仅仅是要恢复社会的道义平衡。因此，即使没有造成损害结果，即使没有人注意到发生过什么，刑罚都是正当的。"❶

（一）报应主义与特殊预防主义

古典刑法学派的代表人物费尔巴哈，提出著名的"心理强制说"，是建立在功利主义理论基础上，他提出了一般预防的刑罚观。不同于前期古典学派，后期古典学派以康德和黑格尔为代表，建立在"纯粹理性"基础上，反对一般预防论将人作为实现目的的手段，康德和黑格尔所主张的报应刑罚观，体现了不同的世界观和价值观，即个人自由主义与国家自由主义的对立。

1. 报应主义

康德认为任何人都是理性人，且康德相信人类道德理性的崇高可以灿若星辰，指引人生。任何人都应受道德理性的支配和评价，任何人的理性都应当得到应有的尊重，人不能成为实现其他目的的手段。进而，"惩罚

---

❶ 威廉姆·威尔逊. 刑法理论的核心问题 [M]. 谢望原，罗灿，王波，译. 北京：中国人民大学出版社，2015：62.

在任何情况下，必须只是由于一个人已经犯了一种罪行才加刑于他。因为一个人绝对不应该仅仅作为一种手段去达到他人的目的。"❶ 如此可知，人人平等、人人都是自己理性的奴仆，受理性的约束，而任何外在于人理性的政治目标或法律目标都不能强加于理性人。任何理性人受到法律的否定评价均源于其对普世的平等理性人应具有的价值理念的违反。因此，无须事先的预防和告诫，法律只需发挥它的报应功能就能证明个人理性的存在。正如，黑格尔所主张的对犯罪人施以刑罚是对其个人理性选择的尊重。结合黑格尔的等价报应观，无疑确证了报应刑论中刑罚的恶害性质——刑罚是一种恶害。报应主义限定了刑罚的恶害本质，将犯罪人圈禁于刑罚的恶之中，其手段只能围绕着恶来发掘，不能使犯罪人因为犯罪反而过上更好的生活。❷

2. 特殊预防主义

教育刑的适用前提就是认为犯罪人是具有可教育性的，其行为习惯是可以被塑造的。教育刑的倡导者"李斯特根本性地转变了刑罚的本质是恶的传统性认识，把刑罚与教育的内在机能直接结合起来，认为刑罚的本质是教育而非惩罚"。❸ 人是可以被教化的，无论其是否实施了犯罪行为。因为在特定情况下，很难说什么样的人必然会犯罪，什么样的人必然不会犯罪。如果说刑罚的本质是教育，那么刑罚就不会局限于过去，而是面向未来。刑罚就不是仅仅惩罚过错，还会要求受刑人不会再犯错——特殊预防。从刑事新派理论关于犯罪原因的分析，可以得知刑罚除了要求人改过迁善，还会努力通过各种社会政策的整合改善犯罪人所处环境，减少或消灭引发犯罪的社会条件。以改善教育为内容的刑罚个别化是目的刑的根本要求，目的刑即为教育刑——刑罚应当是一种善。功利主义刑罚观即目的刑或教育刑的选择是一种向前看的刑罚观，具有积极的意义。当死刑的适

---

❶　康德. 法的形而上学原理：权利的科学 [M]. 沈叔平，译. 北京：商务印书馆，1991：164.

❷　在笔者参加的一次检察系统培训会上，有老师授课时提出了要给犯罪的未成年人提供更好的就业技能培训课程，并且帮助他们刑满释放后就业。多数同学唏嘘不已，没犯罪的还找不到工作，犯罪还可以优先就业，那不更多人要犯罪了吗？这透视出检察系统多数受过法律院校高等教育的人均抱有刑罚是恶害的观点，即对犯罪人过多的善行，就是对守法人的不公和剥夺。

❸　陈伟. 人身危险性研究 [M]. 北京：法律出版社，2012：93.

用率不断降低时，就意味着犯罪的人将面临回归社会的现实。刑罚如果只是让犯罪人与社会更加隔绝，那刑罚的意义何在？教育刑理念的哲学基础就在于人是可以被教化的，是经验人，具有自我救赎的需求、自我完善的本能。也正是基于此，刑罚的教育功能才能得以实现，教育刑的效果才能得以彰显。

(二) 刑法处遇方式的一元论与多元论

1. 刑罚作为犯罪唯一反应的正当性质疑

贝卡利亚强调犯罪行为所造成的客观危害，而刑罚的严厉程度仅需与行为的危害后果发生直接联系，而不考虑个别的犯罪人的差异。贝卡利亚的理念中隐含着他对罪刑相适应的思想，即罪犯获得刑罚的轻重不应以罪犯的主观感受为依据，而是什么样的危害行为应当获得什么样的刑罚会给公众带来的刑罚适用平等的正义感。但这却是忽略了人内心的一种判断标准，也恰恰与古典刑法理论学派想要弘扬的人性光辉相背离的一种标准。贝卡利亚的这种观点表明了其刑法理论的客观主义立场，即刑罚的正当性根据在于客观行为和危害后果。就质疑目的刑的观点而言，马克昌教授提出如果科刑时不以行为为标准，就等于量刑没有标准。❶ 而没有标准的量刑所造成的随意性必然将刑罚的"恶"放出牢笼。这在刑法理论学界是很有代表性的，申言之，给定行为刑罚规范就对应给出一确定的刑期，才是刑罚公正实现的唯一标准。诚如马克昌教授所言行为人的主观是难于把握的，具体指向就是实践中证据采信问题即法律事实认定困难。"口供"往往成为证明行为人主观的重要裁判依据。口供易于发生变化的情况下，司法裁判者则更倾向于由客观证据来证明或严格来讲是推断出行为人的主观心态。然而，这样一种掺杂了裁判者主观推断的事实裁判过程，往往情形相似，但具体到个人答案各异。是故，难以保证裁判者作出"同案同判"的决定。同时，人的认识规律不能保证从客观出发就一定能得出一致的客观真实结论。如此说来，怎么能保证刑罚的公正或恰当？

❶ 马克昌. 论刑罚的本质 [J]. 法学评论，1995 (5)：1-7.

2. 刑罚和非刑罚手段作为犯罪反应的正当性论断

旧派主张犯罪行为的定型性、明确性，力求同案同判。但世界上任何一个国家都明确规定了未成年人刑事责任能力的减轻性规定，就说明了同样定型化的危害行为，可能会反应出行为主体不同的刑事责任能力。亦即同样的危害行为或危害后果，所反映出的可能是不同的人身危险性。根据责任理论，同样的行为表象不同的行为心理可能导致出入罪的差距，为什么就不能带来轻重刑或非刑罚的处遇？如英国学者威廉姆·威尔逊指出"当个体的道德特性明显太脆弱以至于不能够支撑报应正义（retributive justice）所预先设定的责任时，有时候自由的思考刑事司法就要准备面对这种相对责任观念。一个很好的例子就是吉米·巴尔格案（the Jamie Bulger case）引发的激烈理论争议，争议的一方积极鼓吹原始报应主义，另一方则坚持责任应该由行为人与社会共同承担或由社会承担，此一思想反映了斯堪的纳维亚法律体系（Scandinavian legal systems）解决严重青少年犯罪问题的理论思想与社会实践。"❶ 这一点在各国立法中关于少年犯罪行为进行宽宥或减轻处罚的规定便可窥豹一斑。

3. 社会政策的处遇方式

"无论功利主义或报应主义承认或不承认社会强制力编导者的国家角色，古典主义与功利主义都是建立在这样的事实假定之上——至少在国家努力真诚地进一步促进社会公正情况时，国家有权进行社会统治，并期待社会大众服从。"❷ 旧派关注行为，仍然是受到传统犯罪观的影响，即人虽有自由意志，但是为了区分上帝处罚思想不重视行为，而实在法即自然法为了表示自己的进步意义，或者说证明自己观点的正确性，矫枉过正地强调了区分于神意法的自然法注重的是只看行为而不看思想。

基于对犯罪原因认识的根本差异，新派与旧派在刑事政策上的理念向度、方法抉择和制度建构等方面也是迥异的。旧派理论强调对犯罪的法律

---

❶ 威廉姆·威尔逊. 刑法理论的核心问题 [M]. 谢望原，罗灿，王波，译. 北京：中国人民大学出版社，2015：58-59.

❷ 威廉姆·威尔逊. 刑法理论的核心问题 [M]. 谢望原，罗灿，王波，译. 北京：中国人民大学出版社，2015：62.

威慑和事后惩罚，强调对犯罪人的道德谴责与法律非难，主张报应刑，注重法律的规范价值。曾经遭到广泛抨击的不人道的单独监禁制度，正是古典学派理论指导下，惩罚意志自由的人所必须的手段，即给其单独的思考的空间，使其自行修正不当思想。单独监禁制的提出是某种程度上神学理念对刑罚产生深刻影响的证据之一。因为人们相信犯罪的人之所以犯罪是其自由意志与神意背离，所以单独监禁可以为罪犯提供充分的空间进行思考与神意接近，进行心灵上的救赎和悔改。即邱兴隆教授提出的刑罚的本质在于犯罪人向神进行忏悔和赎罪，是一种面向过去的刑罚手段，没有考虑犯罪人的未来需求。新派理论则强调对犯罪的事前预防和事后矫治，强调对导致犯罪发生的各种原因因素的改善以及社会防卫，主张教育刑或矫治刑，注重法律的社会实效。

总之，刑事社会学派代表人物李斯特认为："如果不从犯罪的真实的、外在的表现形式和内在原因上对犯罪进行科学的研究，那么，有目的地利用刑罚——与犯罪作斗争的武器——充其量只不过是一句空话。"[1] 这证明了 "李斯特否定关于刑罚法规适用理论的科学性的特征，认为这不过是简单的技术。根据他的观点，只有犯罪学才是科学。"[2] 因为只有犯罪学中才有真实可靠的分析对象和观察手段，方能彰显新派理论的科学属性。犯罪论和刑罚论对犯罪和刑罚的论证，均为政策性主导的，是具有政治性因素的渗透和参与的主观性选择。因此，犯罪学保持的科学性才是新派理论区别于旧派理论的本源。而犯罪原因论即犯罪学理论才是刑事新派理论大厦的基石。

---

❶ 李斯特. 德国刑法教科书 [M]. 徐久生，译. 北京：法律出版社，2006：10-11.
❷ 伊东研祐. 法益概念史研究 [M]. 秦一禾，译. 北京：中国人民大学出版社，2014：95.

第二章　刑事新派理论与少年法的萌芽：少年犯罪法

第一节　少年概述

从天人合一思想的脱离到主客体哲学观的确立，再到"万物一体、民胞物与"的转变，人类对自我认知的变迁就是一部人类自身的发展史。"万物一体、民胞物与"的哲学观决定了人类作为群居性动物区别于万物的本质特征，也是人类社会得以为继的希望。人本主义精神又是这一巨大的人文历史宝库中最珍贵的财富。"受人本主义所倡导的人道化的影响，自然法的个人本位价值观在 18 世纪西方各国的法律实践中得以体认。"❶而人的自觉是一切主体性活动的开始。19 世纪，在这样丰富的人文沃土中，原本微不足道的孩子被新兴的"童年观"视为具有平等人格的人来对待，一个人类历史上崭新的生命"阶段"被发现——"少年"诞生。

一、"少年"相关概念辨析

"'少年'一词，系指一个人在生长发育之过程中所达到之年龄阶段之概称。一般行为科学专家或学者，为了说明上之方便，常将人之生长顺序，分为婴儿期、幼儿期、儿童期、青年期、成年期、老年期等阶段；每

---

❶　徐岱. 中国刑法近代化论纲［M］. 北京：人民法院出版社，2003：31.

一个生长期，皆有一定的年龄范围，并有一定之特征，虽然生长发育及成熟之快缓，个别之差异甚大，但每一个人自出生以后，在生长发育之过程中，均必须经过上述之生长顺序。'少年'在生长顺序中，介于'儿童期'与'成年期'之间，皆有一定之年龄范围，心理学上常称之为'青春期'，约自十一二岁至十七八岁之年龄阶段，在此一时期，心理常有儿童期之幼稚，生理上却有成年期之成熟，因身心常不能保持平衡，理智常不能控制感情，且好奇心特别强烈，故最容易濡染不良习癖，并触犯刑罚法律。"❶

"少年"（juvenile）是中外法学界的通用概念，通常指未满 18 周岁者。❷ 从基本文义上而言，"少年"即指年龄幼小者，通过解释可与"未成年人"同义。有鉴于各国不同的经济、政治、文化背景等具体因素影响，各国对少年的年龄划定不等，对未成年人与少年概念的使用也有区分。如德国、日本少年法中对少年的理解一般为未满 18 周岁之人，对未成年人的规定为未满 21 周岁之人。结合我国的立法实践，常用"未成年人"这一概念表示年少之人。"少年"作为法律概念使用时，通常与权责之明确有着密切的关系，比如我国民事的行为能力与刑事的责任能力。少年的年龄，为少年法制适用的依据，有特别规定的必要，不过因各国民族、文化、风俗、习惯、地理环境、少年身心发展的成熟度以及少年的犯罪趋势等种种差异，各国就少年法制所规定之年龄亦有所不同。❸ 有规定最高限度及最低限度之年龄者，如英国于 1933 年所颁布的《英国儿童及少年法》，规定 8 岁以上未满 17 周岁的人为少年。有仅规定少年之过高限度年龄而不规定最低限度年龄者，如《日本少年法》规定未满 20 岁的未成年人是少年。也有将少年之年龄依年龄阶层分别规定者，如德国于 1953 年颁布的《德国少年法院法》规定："本法称少年者，乃行为时十四岁以上未满十八岁的人。称年长少年者，乃行为时十八岁以上未满二十一岁的人。"❹ 本书所采用少年之概念泛指各国立法中，区别于成年人的各项规定

---

❶ 刘作辑. 少年事件处理法 [M]. 9 版. 台北：三民书局，2012：44.

❷ 也有些法域对这一年龄界限的规定有所差异，如指未满 17 周岁者，或未满 21 周岁者。

❸ 郑正忠. 少年事件处理法 [M]. 2 版. 台北：书泉出版社，2014：6.

❹ 刘作辑. 少年事件处理法 [M]. 9 版. 台北：三民书局，2012：47-48.

中予以特殊对待的年幼的群体，不特指已满 14 周岁未满 18 周岁的人。

《联合国儿童权利公约》第 1 条即约定："本公约所称之儿童，系指所有未满十八岁之人。然而适用于儿童之法律中，规定在十八岁以前就成为成年者不在此限。"❶ 世界各国多将少年界定为未满 18 周岁者，如美国的 38 个州及哥伦比亚特区将少年界定为 17 周岁以下者（即未满 18 周岁者），另有 10 个州的界定为 16 周岁以下者（即未满 17 周岁者），还有 3 个州界定为 15 周岁以下者（即未满 16 周岁者）。我国台湾地区"少年事件处理法"第 2 条规定，少年是指已满十二周岁未满十八周岁的人，属于"少年事件处理法"的调整对象，第 85 条之一规定了例外原则，即 7 岁至未满 12 岁的人有触犯刑罚的，也可适用"少年事件处理法"。在此意义上，台湾地区"少年事件处理法"对少年和儿童做了法律意义上的区分；儿童是指 12 岁以下的人，是"儿童福利法"的调整对象。青少年、儿童等概念均为生理学或心理学上广泛使用的概念，其年龄阶段与少年皆有重复所指。

二、"少年"独立主体资格的三维视角

（一）自然意义的少年

中世纪（公元 500 年至 1500 年）时，"没有分离的童年世界。儿童跟成年人一样做同样的游戏，玩同样的玩具，听同样的童话故事。他们在一起过同样的生活，从不分开。布鲁格赫尔所描绘的粗俗的乡村节日，展示男人和女人沉迷于饮酒，在放纵的情欲驱使下公然互相触摸，孩子们在一旁和成人一道吃吃喝喝。"❷ 儿童既不是一个独立的概念，也没有现实存在的空间。成人与儿童的世界是混同的，一切的生活是共享的。但是中世纪的儿童并没有我们想象中那么自由，过着无忧无虑的生活。他们当中相当

---

❶ 至今有 192 个国家签署与批准，我国也是签约国之一，美国、索马里还没有通过 CRC。

❷ 尼尔·波兹曼. 娱乐至死：童年的消逝［M］. 张艳，吴艳莛，译. 桂林：广西师范大学出版社，2010：178.

一部分处于严酷的生活环境中，儿童死亡率很高。单此一项原因就可以消除儿童仅有的存在感。因为"成人不会、也不能以我们视为正常的标准给予儿童那份感情的承诺。当时普遍的看法是生许多孩子，寄希望于两个或三个能活下来"。❶ 对于随时可能面临夭折的孩子，父母是不会投入太多感情的。到了 19 世纪，医学技术的发展客观上延长了人的寿命，为少年这一概念的诞生提供了基本物质保障。而随着家庭结构的逐渐缩小，每个家庭成员都变得更加重要。尤其是承载着家庭希望的下一代人，会被寄予更多的希望。工业生产模式复杂的技术要求，也将掌握劳动本领的学习时间延长了。诚如，柏拉图所预见的书写所带来变革使得"眼睛代替了耳朵而成为语言加工的器官"❷。19 世纪，世俗教育的发展、新媒体即纸媒的传播将人类历史带入了"用眼看世界"的文明时代，阅读成为迎接工业时代到来的必需品。"印刷创造了一个新的成年定义，即成年人是指有阅读能力的人；相对地便有了一个新的童年定义，即儿童是指没有阅读能力的人。在新的传播环境到来之前，婴孩期在 7 岁结束，成年跟着就开始了。"❸ 但是印刷术的发展使这一切改变了，童年变长了，成年来的更慢了，新的童年观得以确立。无论是内部条件还是外部环境，都为少年期（青春期）的诞生提供了必要的条件。于是，现代文明在少年与成年人之间画下了一道鸿沟，"长期的学习"才能完成从少年期向成年期的跨越。这个阶段被美国少年法学者富兰克林称为"践习许可期"。

（二）社会意义的少年

随着大量农村人口流入城市，而城市各项公共设施还无暇顾及无产阶级的需求时，儿童成为工业发展首当其冲的牺牲品。家对许多儿童而言，已不再拥有遮风挡雨的功能。儿童需要自食其力，在街头巷尾，到处可见

---

❶ 尼尔·波兹曼. 娱乐至死：童年的消逝［M］. 张艳，吴艳莛，译. 桂林：广西师范大学出版社，2010：179.

❷ 尼尔·波兹曼. 娱乐至死：童年的消逝［M］. 张艳，吴艳莛，译. 桂林：广西师范大学出版社，2010：13.

❸ 尼尔·波兹曼. 娱乐至死：童年的消逝［M］. 张艳，吴艳莛，译. 桂林：广西师范大学出版社，2010：180.

流浪儿童、孤儿等无人看管的儿童，孩子成了城市街头最悲惨的群体。尽管有些人可以谋得一些简单诸如血汗工厂、扫大街、扫烟囱、执马僵的"诚实"工作，但先不论这些工作能否满足儿童生活所需，单就工作供给量和儿童数量的巨大悬殊比，也无法满足孩子的生存需求。而在工业生产模式到来之前，子承父业的家庭生产模式下，少年处于家庭及其相关熟悉环境的监督和管控下，大多数的越轨行为都在这种非正式的控制模式下得到修正或惩罚。人类社会一经进入 19 世纪早期工业文明，工业生产技术便将儿童挡在工厂门外，却将孩子的父母带进了工厂门内。对儿童的监督和照顾从家庭内部问题转换为一个公共问题。孩子们用群体性的街头游荡、侵犯财产犯罪等严重侵扰社会治安的方式，形塑了近代工业社会中少年这一特殊群体。而流浪、乞讨儿童就像带病的细菌一样，成为城市社会治安环境的攻击者。因少年恶行对成人世界的侵扰，他们引起成人世界的广泛关注。恶魔的少年形象与传统印象中乖巧的孩童形象的反差，使人们不得不思考是什么改变了天真无邪的孩子。少年以亟待解决的社会问题模式出现。成人理性思考的结果便是立即采取强硬的、严苛的态度将孩子们扔进监狱的大门，以严刑对付恶行。

（三）法律意义的少年

"早在中世纪时期，儿童犯罪无论是数量上还是其恶行程度上尚未引起公众的广泛关注，也未造成对社会治安的搅扰。犯罪的孩子理论，以罪刑法定主义与罪刑相当之处罚原则为基本思潮。此时期之少年犯与成年犯接受大致相同的司法审理过程，刑罚之轻重亦几乎无分轩轻，对少年之处置相当严苛，并未特别予以保护。"❶ 无论是刑事司法体制设计、刑罚适用还是执行上，儿童与成人几乎享有"平等"的权利。儿童犯罪同样可能面临死刑、流放，甚至可能因为是流浪或乞讨而被关进孤儿院或流放新大陆。在工业社会的早期，严苛的报应主义思想，通过剥夺自由的方式尚可应对初现端倪的少年犯罪问题。况且，无论从经济成本上，还是从社会需

---

❶ 杨士隆，蔡德辉. 少年犯罪：理论与实务［M］. 台北：五南图书出版公司，2001：360.

求上，均没有对少年犯罪问题进行单独立法的必要。故此，早期资本主义革命虽然带来了技术上的飞跃发展，却没有在刑事法律领域引起深刻变革。少年法萌芽于处理少年犯罪问题的少年犯罪法。

当欧洲历史进入 19 世纪，即工业资本主义经济发展的全盛时期，工业生产从小家庭中带走了大量的成年劳动力——父母，相应地也制造了大量的流动儿童犯罪大军。但儿童并没有从父母的努力工作中获得更好的生活条件。生产力创造的财富并没有解决儿童所面临的基本生活需要问题，反而是采用极其严酷的刑罚手段在维护着资本主义所倡导的"神圣"不可侵犯的私有财产权。在英国 1801 年到 1833 年，有多名儿童仅因为极其轻微的偷窃行为被残忍地处以死刑。❶ 据统计分析，在早期工业社会儿童犯罪主要表现为一些小偷小摸、流浪过程中的斗殴事件等。无论我们在理论上怎样论证死刑和流放等对儿童的正当性，始终无法掩盖成人社会对儿童"非行"政策的简单、粗暴。历史已经证明企图用严刑峻法的威吓抑制或减少少年犯罪现象的刑事政策是多么的残酷而无用。

第二节　少年法的萌芽：少年犯罪法

一、少年犯罪的界定

少年犯罪概念的界定可谓仁者见仁，根据各国立法情况不同，少年犯罪概念有广义、狭义与最狭义之分。在少年法学的研究领域，似乎每讨论一个问题都要明确一下，接下来要讨论的问题它的内涵到底指什么。即便如此，明确少年法的基础性概念仍然是无法回避的工作。

---

❶ 陆伟芳. 19 世纪英国城市儿童犯罪的历史考察 [J]. 英国研究，2013（5）：177-182.
"1801 年，一个 13 岁孩子因入室偷窃一把勺子而被绞死；1808 年 8 岁的林恩和 11 岁的姐姐被处绞刑；1833 年在老巴里（中央刑事庭所在地）一个孩子因用棍子穿插过破碎商店窗户偷得价值 2 便士东西而被处死。"

（一）广义的少年犯罪

广义的少年犯罪应包含狭义的少年犯罪、少年违法与少年身份非行（或称少年虞犯）行为。此少年犯罪概念通常为犯罪学研究所采用。本来在我国的刑法规范体系中，少年犯罪应该是一个没有任何争议的概念，就是已满 14 周岁未满 18 周岁的未成年人实施符合刑法规定的犯罪构成具有社会危害性的犯罪行为，相应于成年人应承担相对减轻刑事责任。但是在引介国外的有关少年法的研究成果和法律制度时，却出现了对"少年犯罪"概念的不同界定，往往国外的少年犯罪概念具有更加宽泛的指向。这主要有两个方面的原因。

第一，我们通常在使用少年犯罪概念时没有区分它的适用领域，即犯罪学与规范刑法学、社会学范畴对少年犯罪具有不同的理解。例如，我国台湾地区犯罪学学者杨士隆、蔡德辉，根据台湾地区"少年事件处理法"的规定，将少年犯罪界定为 12 岁以上 18 岁未满有触犯刑罚法令之行为者。"依犯罪行为之轻重，少年犯罪可区分为少年刑事案件及少年保护处分两大类。少年刑事案件系指少年触犯刑罚法令，依'少年事件处理法'第二十七条移送之案件为限，包括触犯最轻本刑为五年以上有期徒刑以上之罪者及事件系属前已满十八岁者。少年保护处分，则属犯罪情节较为轻微之案件，依'少年事件处理法'之规定，乃至触犯第二十七条所列各罪以外之罪者。"❶ 此种界定范围就是从犯罪学角度所界定的少年犯罪的内涵，远远超出了规范刑法学对犯罪的界定。

第二，对于少年法的建制有较长发展历史的国家而言，少年法的术语通常已有约定俗成的专指内涵，而我国却还没有对应的法律制度，所以会出现缺少少年法明确的对话术语的感觉，几乎处处是创新的少年法术语。美国对"少年犯罪"的界定即采广义少年犯罪概念。如"1967 年在美国总统法律执行与司法行政委员会之定义即具有前项之包含性：少年犯罪包括那些成人世界中可能构成犯罪之任何个案。它同时包括仅适用于少年身

---

❶ 杨士隆，蔡德辉. 少年犯罪：理论与实务 [M]. 台北：五南图书出版公司，2001：2.

份之各种犯行如禁止酗酒、药物滥用、违反学校规定等，以及少年被指认无法管教、逃学而需要监督者"。❶ 故，美国少年法院所管辖的案件采取的是广义的"少年犯罪"概念，它既包括我国传统意义上的犯罪行为，又包括违反《治安管理处罚法》的行政违法行为，还包括对于成年人实施不构成犯罪而少年实施则构成犯罪的少年越轨行为。

我国并没有独立少年司法体系无论是在少年犯罪还是违法行为的处置上均与成年人采同一规范体系，即刑事法规范和行政法规范体系。而相应对于我国的传统刑事法理念，认为受到强制措施约束的并且可以被纳入刑法调整范围的行为属于"刑事领域"的非法行为。它包括两种情况，一是《刑法》规定承担刑事责任的犯罪行为，二是违反《治安管理处罚法》需承担行政责任的违法行为。故，少年法院所管辖的伴有强制措施手段的案件均属于"少年犯罪"案件，当然包括行政违法和身份非行行为。国外犯罪概念不同于我国的犯罪概念之处在于，它的门槛更低范围更广，通常既包括我国《刑法》中规定的犯罪，也包括我国《治安管理处罚法》中规定的违反治安的违法行为，一般可分为重罪、轻罪和违警罪。即用我国的犯罪概念来对接国外的犯罪概念时，犯罪当然的也就包含了重罪、轻罪和违警罪的内容。但是，这又与我国刑法理论研究体系中，通常对犯罪概念使用习惯相悖。换言之，对少年法中的专属用语最好的引介办法不是将就旧有的话语体系，而是尊重原意，界定新的法学术语。从长久来看，不仅自会约定俗成形成我国少年法的独立话语体系，还利于少年法研究的国际对话。

（二）狭义的少年犯罪

狭义少年犯罪（juvenile crime）本是个普通的刑事法律概念，由来已久，即指由少年实施的触犯刑律、应负刑事责任的行为。关于"少年犯罪"的界定在我国《刑法》第 17 条早有明确规定：对于已满 14 周岁未满16 周岁的少年实施部分犯罪行为需承担刑事责任，可以处以刑罚；对于已

---

❶ 杨士隆，蔡德辉. 少年犯罪：理论与实务［M］. 台北：五南图书出版公司，2001：4.

满 16 周岁未满 18 周岁少年需对全部犯罪行为承担刑事责任，可以处以刑罚；对于未满 14 周岁的少年实施犯罪行为，不可适用刑罚，但可以责令父母进行教导、交由政府予以收容教养等保安处分。根据我国《刑法》规范，未满 14 周岁的少年实施犯罪行为，因未达到需承担刑事责任的年龄，故不属于严格意义上的犯罪。因此，"少年犯罪"是指对于少年实施的符合刑法犯罪构成的行为，包括达到完全刑事责任年龄和相对刑事责任年龄的未成年人实施的可能适用刑罚处罚的行为，其特指已满 14 周岁未满 18 周岁的人。各国立法及学者对此类狭义的少年犯罪定义亦存有分歧。按照最狭义的理解，少年犯罪是指进入普通刑事法院管辖与成人犯罪适用同样实体法处理的少年犯罪，不包括以去犯罪标签化为目的被纳入少年法院管辖的少年轻犯罪案件。本书中所使用的少年犯罪概念，既需要尊重规范刑法学所约定俗成的犯罪概念内涵，又想表达少年犯罪的特殊性，还需考虑域外立法的界定。

本书少年犯罪概念取其狭义，遵循少年法的成长轨迹，以揭示少年法的发展规律。少年犯罪的狭义概念，即已满 14 周岁未满 18 周岁的少年实施的需承担刑事责任的犯罪行为，是以其实体内容进行的界定，而不以程序性内涵为标准，即以少年法院的管辖范围为标准划定少年犯罪概念。

二、少年犯罪法基本理念：亡羊补牢

实践证明，1899 年的美国伊利诺伊州在处置少年犯罪问题时，并没有找到有效的阻止少年再犯罪的途径。刑事指控没有将少年与成人区别对待，他们享受平等的待遇，被关在同样的监狱中，他们在坏人堆里变得更加习惯于恶行，也掌握了更加专业的犯罪技能。在获释后他们就变成犯罪专家，让这些地方人满为患。刑事司法体系的严惩并没有将轻微的少年罪犯改造成功，而是为监狱培养了更多的成员。

11 或 12 岁到 21 岁的年龄阶段既是一个易于出现犯罪行为的阶段，也是个体发生从儿童期向成年期必经的过渡阶段。这一阶段被美国学者富兰克林誉为人生重要的"践习许可期"，即"一段通过实践来习得的时期"，其间，行为抉择能力的完善只能通过作决定和犯错误的路径来实现。因此，青春期是注定要犯错误的。此处的特别挑战为：为青春期少年的社会环境创造相应的安全保卫，以减小其所犯错误的永久代价。法律政策的两个目标为：有利于"通过实践来习得"和减小与可预期错误相关联的危害。成功青春期的一个重要特点，即生存发展以至于成年，最好使其个人生存发展的机会完整无缺。❶

将儿童与成年人区别对待是为犯罪少年保有完整机会的第一步。当初美国的少年法院成立就在于要建立起一套不同于成人法律体系的孩子的法院，以便于为孩子提供保护。美国著名少年法院法官本·林赛法官基于刑事法院的特征，他认为刑事法院就是一种"对儿童的迫害"。在部分成人眼中，少年犯罪行为是威胁社会治安的一块心病，但是这不能成为给少年犯罪行为下猛药的充分理由。因为"治疗少年犯罪的良药即成长"❷。关于这一核心理念在美国著名的犯罪学家格鲁克夫妇的实证研究中早有证实，即二人发现曾进入少年刑事司法体系的人，随着年龄增长的再犯率呈明显下降趋势❸。因此，即便是进入司法体系的少年罪犯也仍然有着吸取教训、改正错误并获得成长机会的需求。《公民权利和政治权利国际公约》有对少年犯不适用死刑的规定。《联合国儿童权利公约》更是将儿童不适用刑罚的范围扩大到无释放可能的无期徒刑。美国犯罪学家史特莱博（Victor Streib）认为，基于国家对未成年人的至高无上的权力，未成年人也同样应当得到特殊的保护，即使是犯罪少年也应当被区别对待，其案件处理程序上不应过于正式，对犯罪少年惩罚的目的应当是矫正和防控而不是惩罚❹。因此，少年司法中处理少年犯罪案例的基本理念应当是尽量少的惩罚性措施，以保障达到最有效的教育目的，不以少年责任为基础，而是以保障其未来成长机会完整性为目标，避免少年在犯罪的道路上走得更远。

---

❶ 富兰克林·Z. 齐姆林. 美国少年司法 [M]. 高维俭，译. 北京：中国人民公安大学出版社，2010：84.

❷ 富兰克林·Z. 齐姆林. 美国少年司法 [M]. 高维俭，译. 北京：中国人民公安大学出版社，2010：85.

❸ 林山田，林东茂. 犯罪学 [M]. 台北：三民书局，1995：99.

❹ 张鸿巍. 少年司法通论 [M]. 北京：人民出版社，2008：85.

转处主义理念是将少年犯罪从刑事诉讼程序中解救出来的有效路径。通过对美国少年法院创立的主要初衷的分析，有学者指出：少年法的主导理念应当定位为转处（diversion），即为了避免或减少正规刑事诉讼程序的不当伤害，应当将少年犯（主要指非严重暴力犯）转出至少年司法的非正规程序中予以保护性的处遇。❶ "威廉·斯特德（William Stead）谈到警察局时指出：因为犯罪而被拘留的 10 到 12 岁顽童们发现警察局就是他们奔赴监狱的学前班。刑事法院成为了美国社会的公敌。由此，美国少年法院得以建立。"❷ "那些寄希望于一个全新的少年法院（它能使少年犯承担责任）的人们，有两条理由认为新的少年法院将会是对未成年人刑事审判程序的完善。其中一个理由即以儿童为中心的少年法院能够避免刑事处罚加诸于少年所带来的种种危害。这些改革者们认为：刑罚是一种不必要的严酷，而羁押场所成了犯罪的学校；其中，纯洁的人被腐蚀，可挽救的人在慢性的犯罪道路上变得不能回头。从这点看来，少年法院的最大优点就是它不会延续刑事司法体系对儿童的消极影响。我将这种少年法院的正当化根据称为转处理念，它使得新的少年法院通过减少对儿童的损害，从而较传统的刑事程序而言对他们更为有利。新型少年法院的忠实支持者们都认为：传统的刑事法院对少年犯而言都是没有实际帮助意义的工具，而这种工具是我们应该摒弃的。少年司法转处理念的标志性特征就是它关注刑事处罚对未成年人的伤害性。一篇经典的近乎全面揭示刑罚弊害的陈述见于1904 年少年法院法官塔特希尔对罪错少年矫治制度改革说明的首页：在1899 年前，在关照罪错少年方面，伊利诺伊州无所作为，并且据我所知，美国其他州也是如此。这种状况在芝加哥是如此的糟糕，以至于所有对此有所认知并试图改正它的人们极力寻求补救办法。于是，一项法案应运而生，并被提交给州立法机构，在克服了重重反对之后，在适当的时候终于

---

❶ 富兰克林·齐姆林. 共同的思路：少年法院法学中的转处制度［G］//玛格丽特·K. 罗森海姆，富兰克林·E. 齐姆林，戴维·S. 坦嫩豪斯，等. 少年司法的一个世纪［M］. 高维俭，译. 北京：商务印书馆，2008：157-174.
❷ 富兰克林·齐姆林. 共同的思路：少年法院法学中的转处制度［G］//玛格丽特·K. 罗森海姆，富兰克林·E. 齐姆林，戴维·S. 坦嫩豪斯，等. 少年司法的一个世纪［M］. 高维俭，译. 北京：商务印书馆，2008：157-174.

公布于众了，它就是世人皆知的'伊利诺伊州少年法院法'。"❶

三、少年犯罪法的基本内容

"盖各国少年法发生之最初原因，系有鉴于少年犯罪问题之严重，事至可痛，危害亦深，故制定少年法，实施少年犯罪之刑事政策，以防止犯罪，预防再犯，而所以阻遏防止者，初时仅注重于审判程序之简易，科刑方法之不同，故最初之少年法，仅为少年刑法及刑事诉讼法。"❷ 各国少年法院设立的目标即在于获取普通刑事法院不同的审理效果，因此，除与普通刑事法院审理程序、处遇措施的迥异之外，对于少年犯罪原因的考察更是少年法院可以特立独行的基础。少年犯罪案件的审理重在行为人，而不仅仅是注重考察少年犯罪的客观行为和危害后果。

（一）少年犯罪案件实体法规定

对少年犯罪行为的处遇采取保护主义的理念，一般是通过立法上的实体法认定中，较为严重的犯罪行为转为普通法院管辖，而犯行较轻的则交由少年法院管辖。在少年法院管辖处理的少年犯罪案件，其贯彻的是以教代刑的处罚原则，其程序上有严格的不公开制度、宽缓的诉讼程序等特殊制度予以保障。而被转入普通法院管辖的少年犯罪案件，则其程序上并无过多的特殊设计，且实体评价上也几乎完全采用成人行为的规范标准来定罪量刑，只是基于相对减轻责任能力，处刑上较成年人轻缓。即在一套刑法体系内，既要做到罪刑法定、罪刑相适应，又要体现对少年犯罪问题的宽宥理念，是不具有可行性的，通常会落入量刑量减而惩罚实质不变的牢笼，根本无法实现教育为主、惩罚为辅的少年刑法理念。

---

❶ 富兰克林·齐姆林. 共同的思路：少年法院法学中的转处制度 [G] //玛格丽特·K. 罗森海姆，富兰克林·E. 齐姆林，戴维·S. 坦嫩豪斯，等. 少年司法的一个世纪 [M]. 高维俭，译. 北京：商务印书馆，2008：157-174.

❷ 林纪东. 少年法概述 [M]. 台北：台北编译馆，1976：11-12.

1. 非刑法化——避免犯罪污名化

用少年法院特别审理程序为少年犯罪人去犯罪标签，用完全独立的话语系统界定少年犯罪行为——少年越轨或少年偏差。成人刑法中，刑法规范推定成人对其实施的犯罪行为应当具有相应的理性承担不利后果的能力和责任，因此，对于成人犯罪的客观行为及其危害后果颇为倚重。而少年犯罪案件中，犯罪行为的表现仅是少年法官透过现象看到少年犯罪原因的一扇窗口，不是施予少年何种处置的最终依据。依照我国台湾地区学者刘作辑对"少年事件处理法"的解读，其认为对涉事少年之心智考察非常重要。即"年长少年之触法行为，少年法院必须审酌当事人之一切情状而定其应受之处分，例如年长少年犯罪时倘若其精神状态。智虑之发育及伦理道德之观念仍滞留于少年之幼稚阶段，且其犯罪之动机及手段，犹带有少年之犯罪状态者，始可以'少年'犯罪案件之性质予以处理，否则，即以'年长少年'之案件科处刑罚"。❶对年长少年之考察既是如此，年幼之少年更不能例外。质言之，少年犯罪案件处理之特殊手段的适用范围可酌情扩大，体现了少年刑法宽缓化向成年刑法的渗透和推行。对于在普通法院中审理的严重少年犯罪案件，也是为了"培养其规范意识，让其自觉意识到社会生活中的责任"❷。部分国家和地区将少年犯罪与少年越轨的处理规定于一部法律，或说一个部门法既调整少年犯罪行为也调整少年越轨行为，如美国各州的少年法院法、日本的少年法认为部分少年犯罪是属于少年越轨行为的一部分，由少年法院管辖，但部分严重少年犯罪则转由普通刑事法院管辖。该种管辖方式对于不是很严重少年犯罪问题的处理没有体现少年犯罪的痕迹，且对少年犯罪与少年越轨处理一样采取特殊程序，均持保护主义理念。因此，对该部分少年犯罪行为的处理就具有了明显的非刑法化或称非犯罪化倾向，具有去犯罪标签的功能。德国在 1923 年 2 月 16 日仿效美国少年法院法颁行德国首部少年法院法。"其特色为：1. 十四岁以下无刑事责任能力之儿童，排除于法院管辖之外。2. 明定'以教代

---

❶ 刘作辑. 少年事件处理法［M］. 9 版. 台北：三民书局，2012：47-48.

❷ 大谷实. 刑事政策学［M］. 黎宏，译. 北京：中国人民大学出版社，2009：363.

刑'之原则：条文中明文规定，少年犯罪之处遇，均应谕知'教育处分'。3. 明文规定处分之前提要件，系'少年身心发展之成熟程度'，并非仅依据少年之刑事责任年龄。4. 扩大适用缓刑制度。5. 确立制度，凡少年案件，均有少年法院管辖之，与一般刑事法院分离并独立。6. 排除审讯公开原则。7. 少年犯首重'人品之调查'，并注重'养护性之托付执行'。法条中明定此二种任务，由少年署负担之。少年署成为少年法院之辅助机构，乃实际上执行教育处分之机关。少年犯罪案件，并非由少年法院单独处理，而系少年法院配合少年署共同处理之。"❶

2. 非刑罚化——摆脱"刑罚"万能论

（1）自由刑适用的不得已性。

对于少年犯罪处遇而言，自由刑是最严重的惩罚，也是最后手段。即便是适用自由刑，也应当从轻或减轻处罚。累犯赦免制度、死刑适用排除制度、减轻刑罚等都是影响少年犯罪处遇的特殊制度，均体现了特殊预防的理念和宥减的思想。《联合国少年司法最低限度标准规则》第 17 条规定了限制对少年犯适用自由刑的严格条件，即除非有刑事暴力的严重行为，或屡次实施暴力行为的情况才能适用自由刑，且自由刑始终是少年犯处罚迫不得已的选择。❷虽然我国并没有独立的少年犯罪法，但是刑法中涉及的少年刑事犯罪案件的处理上也有特别规定，如死刑的排除适用、法定的从轻、减轻情节等。实践中，对少年犯罪案件量刑的掌握上，也有明确限制，即已满 14 周岁未满 16 周岁的未成年人犯罪的原则上不适用无期徒刑。德国首部少年法院法明确规定了少年犯罪案件缓刑适用范围的扩大，即宣告刑在一年以下有期徒刑的应当宣告缓刑。我国台湾地区对于"少年犯最重本刑为十年以下有期徒刑之最，如显可悯恕，认为依'刑法'第五十九条之规定，减轻其刑仍嫌过重，且以受保护处分为适当者，得免除其刑，

---

❶ 沈银和. 中德少年刑法比较研究 [M]. 台北：五南图书出版公司，1988：9-11.
❷《联合国少年司法最低限度标准规则》第 17 条规定："除非判决少年犯有涉及对他人刑事暴力的严重行为，或屡犯其他严重罪行，并且不能对其采取其他合适的对策，否则不得剥夺其人身自由。"

论知保护管束、安置辅导或令入感化教育处所以感化教育等处分。"❶

（2）极刑的排除适用。

少年犯罪法是建立在少年宥减和人道主义理念基础之上的。故，少年犯罪法极刑、累犯等规定排除出对于少年犯罪的适用领域已然成为立法通例。意大利规定："法律规定死刑，或徒刑，或最低限度三年以上之惩役之故意罪，得命令少年收容于感化院，其期间不得少于三年。"❷ 即便是被转出少年法院管辖的少年犯罪案件在成人刑法中适用刑罚也有所减轻。我国台湾地区"刑法"规定："凡少年犯罪应科刑者，不得处死刑或无期徒刑。本刑为死刑或无期徒刑者，减轻其刑"。

（3）非刑罚方法的创制。

"所谓少年之行为绝对不负刑事上之责任者，非谓少年不能为犯罪行为也，谓其所为行为，施以刑罚未能收效，易以教育，乃克有济。"❸ 少年犯罪的刑事司法处遇模式从传统报应刑转型教育刑，具体立法模式选择有三种类型：第一种纯粹福利型，如瑞典，"对于犯罪少年完全放弃刑罚的使用，对于少年的犯罪危险性，只有使用养护与教育的处分加以对付"❹。第二种福利与惩罚混合型，如西德，"未满 14 岁人的犯罪行为，只能交由监护法官，施以教育处分（非如我国可以裁定剥夺自由的感化教育）；14 岁至 18 岁的犯罪少年，行为时精神状态正常，原则上有罪责，但西德《少年法院法》第 3 条有'特别责任阻却事由'的规定：少年于行为之际，即使精神状态正常，但如另有道德或精神发展的不成熟情形，仍不负刑事责任"❺。第三种以罚代教型，此种刑罚模式认为对犯罪少年的惩罚就是一种教育，故，刑罚是少年犯罪处遇的主流措施，具有明显的报应刑思想痕迹。目前，第二种福利与惩罚结合型是各国少年法的主流立法模式。

在 19 世纪末期进入 20 世纪时代，在美国及英国都已建立了对少年罪

---

❶　刘作辑. 少年事件处理法 [M]. 9 版. 台北：三民书局，2012：216.
❷　翁腾环. 世界刑法保安处分比较学 [M]. 北京：商务印书馆，2014：204.
❸　翁腾环. 世界刑法保安处分比较学 [M]. 北京：商务印书馆，2014：196.
❹　林山田，林东茂. 犯罪学 [M]. 台北：三民书局，1990：259.
❺　林山田，林东茂. 犯罪学 [M]. 台北：三民书局，1990：259-260.

犯进行养护的制度，且该制度实行的前提要求保护管束官员调查并报告少年人格情况，作为今后少年接受辅导的重要依据。❶ 少年犯的特殊处遇就是少年法院的当然审理结论，如果没有特殊的处遇措施，少年法院经过在特殊的审理的程序也不能说它就区别于普通刑事法院。只有最终根据对少年犯罪特殊成因调查了解，给出个别化的特殊处遇措施，才是少年法院设立的价值根本。日本少年法对少年犯罪的措施，有多种模式，如严重少年犯罪的亦会施以刑罚，执行期间会根据犯罪少年的个体情况制定详细的有针对性的处遇计划。具体会在引入期、展开期和总结期三个不同阶段，展开适合少年的劳动作业、改造指导、文化教育及生活指导等处遇内容。

如日本旧少年法对少年犯罪及越轨行为规定了多层次的处遇措施，均为非刑罚性质处遇。该法第 4 条规定："凡少年之行为，触犯刑罚法令或有触犯刑罚法令之虞者，得加以下列各款处分：（一）加以训诫；（二）委托学校校长加以训诫；（三）使以书面为改悔誓约；（四）附条件而交付于保护人；（五）委托于寺院、教会、保护团体，或其他适当之处所；（六）交少年保护司监察；（七）送至感化院；（八）送至于矫正院；（九）送至或委托于病院。"❷ 同一时期的多个国家都采取了类似模式，"波兰有感化教育处分、谴责处分、责令其父母、监护人或特别保护人注意监督，或迳交教育机关教官处分，及感化院监禁处分。苏俄有医疗教化性质之社会防卫处分。德意志有教育所或矫正所之处分。澳大利亚有救护教养处分。瑞士有交付行政官厅救护处分。意大利有收容于精神病院处分、刑事感化院处分、自由监视处分等规定，虽处分种类，多寡各有不同，归纳不外于教养处分为原则，交付各团体即亲属等之保护管束处分为例外。"❸

我国台湾地区"少年事件处理法"第 27 条第 1 项明定两种情况下，应当移送普通刑事法院管辖，即"犯最轻本刑为五年以上有期徒刑之罪者和事件系属后已满二十岁者"。未达此条件的均由少年法院管辖。由少年

❶ 沈银和. 中德少年刑法比较研究 [M]. 台北：五南图书出版公司，1988：7-8.
❷ 翁腾环. 世界刑法保安处分比较学 [M]. 北京：商务印书馆，2014：197.
❸ 翁腾环. 世界刑法保安处分比较学 [M]. 北京：商务印书馆，2014：210-211.

法院管辖的案件采取的是保护处分，而到普通刑事法院管辖的案件则会科处刑罚，但也有不公开审理的特殊程序，且有极刑免除适用的规定。

（二）少年犯罪案件程序法规定

从少年犯罪的无年龄下限，到少年入刑年龄的逐渐提高，各国对少年保护理念的加强均在少年法的立法层面得到体现。美国"由于少年法院是立法的创造物，因而各州对儿童不良行为的规制便可能有所差异。作为州政策层面上的一个问题，少年法院管辖范围的年龄上限有所不同，如 17 岁、16 岁或 15 岁；其管辖的犯罪类型、某些程序安全保障模式（如获取陪审团审判的权利）以及处置判决的长度和类型也有所不同"。❶ 美国部分州也设置了少年法院管辖案件少年年龄的下限，最低为 6 岁。

1. 非正式性——降低对抗性

（1）分离原则。

少年审判与成人审判的分离作为一项少年司法的特别原则，已经得到了《联合国儿童公约》等多个国际条约的确认，在没有少年犯罪法之前，与成人被告的分离成了少年犯罪法独立的第一步。这一步是在 19 世纪末美国的儿童保护组织——纽约协会的努力下实现的。"这场儿童保护运动也逐步发展成为少年法庭运动，并开始对所谓的少年犯罪进行研究。"❷ 在普通成人刑事法院审理案件过程中，刑事诉讼的严肃性和程序上的正式性，及成年人被告所演示的不诚实和诡辩的技巧都会对涉案少年带来伤害。而对于法官而言，则需要同时分饰两个完全不同的角色，在面对成人和少年时需要在两种理念间随时转换，程序的分离既有利于降低刑事诉讼给少年带来的伤害，也更有利于少年法官专业能力的养成。

（2）不以定罪量刑为目的的多方参与审理模式。

"相对于成年人事件之刑事诉讼程序较为重视证据调查、发现真实以

---

❶　霍华德·西格蒙德，梅丽莎·西格蒙德. 少年犯及其被害人：2006 年全国报告 [R] //巴里·C. 菲尔德. 少年司法制度 [M]. 高维俭，蔡伟文，任延峰，等，译. 北京：中国人民公安大学出版社，2011：19.

❷　王雪梅. 儿童权利论 [M]. 北京：社会科学文献出版社，2005：27.

实现正义为目的，少年事件则以透过调查，对于少年为何会触法，以及对触法少年之处遇何者较为合适等为主要之重点。也就是，少年法院受案后，即少年调查官进行初步调查，着重在个案资料的收集、少年犯罪原因的探究等，而非犯罪事实之调查。"❶ 因此，对少年犯罪原因的考察则需倚重社会调查报告，从少年本人的成长经历、性格特征、家庭情况、社会评价等多方面因素考察少年犯罪成因。对于少年的处遇措施的效果的追求，必然要求可能影响少年行为发展的亲密成员，如父母、观护员等参与到庭审中来，再由经验丰富的少年法官给予适合犯罪少年的个别化处遇措施。

2. 非公开性——为少年保有平等的机会

从进入少年犯罪案件处理程序开始，保密原则贯穿于少年犯罪案件处理的始终及至少年终生。保密的实现主要依赖于三项重要的制度：（1）不公开审理制度。（2）不公开报道制度。（3）犯罪记录消除制度。然而，保密制度的实现却经历过一个曲折的发展过程。早在世界上第一个少年法院设立之初，不公开审理制度就成为少年犯罪案件处理想要努力争取的一项重要制度。"1899 年伊利诺伊州少年法院法案的提案人主张不公开审判，其旨在保护少年免受公众蔑视，并有利于少年法院'康复'使命的完成。而批评者则以此举会使国家行为不透明为由提出了强烈的反对。其结果为：第一个少年法院法案删除了此争议条款，以确保其顺利通过。于是，最初的库克郡少年法院案件审判是向公众公开的——这一历史事实常常被人们忽略。由此，当时的新闻确实报道了新法院的审判情况，其中包括少年的真实名字、住址以及被控的罪行等内容，例如 1912 年的林赛案——该案庭审曾因此而引发了不小的混乱。为了平衡以'真相发动公众'的宣传功效和保护少年隐私的重要意义，不公布少年真实姓名的宣传限制制度成了折中方案，并在少年法院创建后的第 10 年被明确地写入了法律。至20 世纪 20 年代，审理少年案件不允许公众旁听的不公开审判制度，已经通常被认为是少年法院的一个基本特征。"❷ 不公开制度现已成为各部少年

---

❶ 陈慈幸，蔡孟凌. 少年事件处理法学理与实务 [M]. 台北：元照出版公司，2009：16.

❷ 玛格丽特·K. 罗森海姆，富兰克林·E. 齐姆林，戴维·S. 坦嫩豪斯，等. 少年司法的一个世纪 [M]. 高维俭，译. 北京：商务印书馆，2008：70-71.

法的一项基本制度，如日本《少年法》第 61 条、我国台湾地区"少年事件处理法"都规定了新闻媒体对少年犯罪事件报道的隐私保护要求。

（三）少年犯罪案件执行——矫正机构的分离

人道主义精神的发展，使得少年犯罪问题得到了更多的关注，其中尤以少年与成年人混监的惨状引起了社会爱心人士的广泛同情。加之，刑事新派理论从对少年犯罪原因的实证分析得出结论——少年易受环境影响，而濡染不良习气。建立少年独立矫正机构的呼声日益高涨。于是，对少年监禁情况的考察，包括监禁条件、监禁原因、监禁期限及监禁效果等，成为建立独立的少年矫正机构必要性的有力理由。据考最早的少年矫正机构滥觞于"1703 年 11 月 14 日，罗马皇克勒曼斯十一世，以桑格尔病院的一部，设为幼年监，专收未满十二岁之幼年囚犯及不良少年，实行矫正主义"。❶ 早期的少年矫正机构仍然奉行严格的剥夺人身自由、强迫劳动的羁押手段能够改造少年罪犯的理念。机构将少年罪犯视为品性不端的不良人员，严格执行独居、沉默制度，用刑罚严酷性威慑犯罪少年。甚至在一段时间内国家在经济利益的驱动下，早期的儿童矫正机构将儿童作为牟利的工具，如"在波西米亚，1717 年 8 月 5 日，摄政王决定，为了引入细布制造，建立'贫民院、孤儿院和劳动教养院'是可取的。瑞士的巴塞尔把其孤儿院里所收养的人转交给那些承诺养活他们的制造商"。❷ 英国亦将贫困儿童"作为契约奴工而送往各殖民地。1620 年，埃德温·桑迪思（Edwin Sandys）爵士把 100 个伦敦市'裁定放逐'的孩子送到了弗吉尼亚殖民地。"❸ 早期的儿童矫正机构建立之初可能是基于良善的动机即改善与成年人同监的儿童悲惨境况，但是其在经济利益的驱动下，往往将贫困的儿童作为廉价的劳动力换取经济利益。无论少年矫正机构独立的效果是否尽如

---

❶　姚建龙. 少年刑法与刑法变革 ［M］. 北京：中国人民公安大学出版社，2006：282.

❷　弗雷德里克·L. 努斯鲍姆. 现代欧洲经济制度史 ［M］. 罗礼平，秦传安，译. 上海：上海财经大学出版社，2012：80.

❸　弗雷德里克·L. 努斯鲍姆. 现代欧洲经济制度史 ［M］. 罗礼平，秦传安，译. 上海：上海财经大学出版社，2012：89.

人意，但至少它为少年刑法从成人刑法中独立铺平了道路。

进而，实证派犯罪学派均主张少年罪犯应当与成年罪犯分别监禁。1847 年布鲁塞尔国际监狱会议就首次提出，对少年犯应该设置特别监狱，要实行附条件的赦免制，在他们刑满以后，为其寻找职业。1910 年华盛顿国际监狱会议再次议决"拘留场所，当与成年犯罪人隔绝，审判时间亦应与成年犯罪人分离。1935 年柏林世界监狱会议强调少年'若有羁押之必要，应将其收容与专为监护教育犯罪少年与被遗弃少年，而设立之公私机关。''此项机关，对于少年身体精神，及社会关系之深处，应具有必要之设备机械及职员，并使少年视如家庭、学校或工厂。''缺乏适当设施，或无移送可能时，始得加以拘束，惟亦须特定区划，使少年与成年完全隔离，并为避免独居生活之缺点，应设法予以工作。'"❶ 少年监的设立，改变与成年人混押状态。少年独立矫正机构为少年犯罪刑罚个别化提供了机构保障。

第三节　少年犯罪法的产生与刑事新派理论

基于刑事新派理论提出迥异于古典学派的犯罪原因后，对于少年犯罪原则的社会责任进行反思，进而在特别预防思想的影响下，少年法从少年犯罪法开始生根发芽。少年法的产生与新派理论的产生并不是没有关联的偶然历史事件，它们生发在同一个时空具有其历史必然性。

一、同时代的产物

19 世纪的欧洲处于工业化和城市化进程的急剧扩容进程之中，少年犯罪问题作为这一深刻的社会变革的重要社会问题展现出了工业化和城市化的弊端。"城市犯罪急剧增加的原因是伴随工业发展的社会进程为犯罪的

---

❶　姚建龙. 少年刑法与刑法变革 [M]. 北京：中国人民公安大学出版社，2006：282-283.

增长创造了条件。家庭的巩固、亲密的亲子关系以及对年轻的家庭成员的广泛监督都是保持低犯罪率的条件。经济发展开始以后，这些条件对许多青少年来说已不复存在。"❶ 经济的飞速发展带来了社会结构的重大调整、社会关系解体，也带来了新的社会问题——少年犯罪。而经济发展提供持续不断的劳动力资源的流动大军，也成为滋生犯罪力量的主力军；原来具有稳定家庭关系的农村生活已一去不复返，取而代之的是城镇化的小家庭，甚至还出现了双劳动力就业的家庭。儿童失教失养问题突出。与此同时，人道主义精神大行其道，博爱、平等、自由等人性价值成为家喻户晓的人性常识。无论是洛克的白板说还是卢梭的浪漫主义童年观，都将公众的目光投到了"新兴的儿童"身上。儿童作为一种社会存在被发现，"问题儿童"也成为社会亟须解决的重大课题。

当时少年犯罪问题凸显，古典理论学派理论学说所提供的报应主义、严罚主义刑事政策对少年犯罪问题无能为力，亟须刑事法领域的新思考。在科学主义的大背景下，犯罪人类学派从少年犯罪现象出发，以科学实验为研究方法，来分析少年犯罪原因。刑事新派理论以 19 世纪龙勃罗梭的犯罪人实证研究方法为起点，科学性是其标榜区别于古典理论"形而上学"的逻辑推理的重要特点之一。因此，人类理性的解放、自我意识的觉醒、社会结构的解体和对科学的敬仰等时代的养料滋生了少年犯罪也孕育了刑事新派理论。

二、少年犯罪法以刑事新派理论为导向

美国的经济发展在 19 世纪末已经可以与欧洲媲美，同样也遭受着少年犯罪问题的困扰。美国学者路易斯·谢利发现了工业化时代犯罪的特征，少年成为侵犯财产型犯罪中的主力军。"正是青春期的气质和城市环境的家庭生活的性质，促使少年很容易走上犯罪。在技术先进的社会里青少年

---

❶ 路易斯·谢利. 犯罪与现代化：工业化与城市化对犯罪的影响 [M]. 何秉松，译. 北京：群众出版社，1986：66.

时期延长了，因为'参加高精尖的社会经济组织所要求的技能也提高了'。"❶ 当时美洲新大陆上的芝加哥市正面临同样严重的少年犯罪问题。美国文化源自欧洲，其法律体系亦传承于欧洲。新兴的美国具有着极强的学习能力、创新能力和解决问题的勇气。在崇尚科学主义的理念指导下，芝加哥犯罪学派异军突起，提出了多种犯罪学说，均证明了少年犯罪的原因中社会环境影响的重要性。在此理论的指导下，无论是社会公众还是司法精英对少年犯罪问题的态度都发生了根本的转变。在现实问题的催促和先进理念的指引下，世界上第一个少年法院在美国伊利诺伊州诞生了。

三、少年犯罪法是对刑事新派理论思想的实践

（一）犯罪原因论为少年犯罪法产生提供理论依据

"少年刑法自成年刑法脱离而自成体系，即是犯罪学推动的一项成果。"❷ 实证犯罪学理论研究给出的结论不同于古典刑事理论犯罪是"自由意志"的表现，认为犯罪的原因不仅有个体原因还有社会环境因素影响，且社会环境因素为首要因素。少年特殊成长阶段的易受影响性和较强的模仿能力都是导致少年犯罪的重要因素。少年的犯罪原因千差万别而不受统一的自由意志支配。因此，与犯罪相对应的刑罚手段就应当尊重个别化，以达到使犯罪人改过迁善的目的。

（二）特殊预防思想为少年犯罪法产生提供必要性论证

李斯特一贯相信刑事政策的效果不如社会政策的效果好。这从他的至理名言"最好的社会政策，就是最好的刑事政策"便可知一二。"在其1900 年出版的专论《刑法与少年犯罪》中说：'一个少年窃盗犯，如果不

---

❶ 路易斯·谢利. 犯罪与现代化：工业化与城市化对犯罪的影响 [M]. 何秉松，译. 北京：群众出版社，1986：98-99.

❷ 林山田，林东茂. 犯罪学 [M]. 台北：三民书局，1990：19.

以刑罚临之，而任其离去，则防止他再犯的可能性，应比科处他刑罚要来得大。'又说：'我们的刑罚，实无改善与威吓作用，根本没有预防功能，刑罚只有加深犯罪的动力。"❶李斯特是"特殊预防思想"之集大成者❷，由于他主张个别化处理，提倡"行为人刑法"，所以有"少年刑法"思想的萌芽，世界各国少年刑法的诞生，实深受李斯特的影响❸。而李斯特提出的行为人刑法的理念，将刑法关注的重点由古典刑事理论学派关注的行为引向了行为人。由此，对于行为人的考察和判断，成了运用刑法处理犯罪问题的核心和基石。"现代刑法中，缓刑、累犯加重、不定期刑、保安处分等制度，均莫不针对行为人的社会危险性而发。"❹德国少年刑法与成年刑法的分离，深受 20 世纪初期，新生物学、心理学、社会学以及教育学蓬勃发展的影响。当时各个学科的成就则在于构建了一个独立的儿童世界。儿童既是成人社会爱的对象，又是威胁成人社会安全的重要隐患。施予爱是本能，也是理性。施予罚是理性，却不能依靠本能，而应富有理性和人性。

第四节　少年犯罪法中体现的刑事新派理论

诚如菲利提出的犯罪饱和论所阐明的，犯罪具有一定的必然性，如果在一定的社会环境下，犯罪率是具有规律可循的。其实，后续的犯罪学实证研究都是在不断地用新的数据论证着刑事新派理论社会决定论的观点。

一、非刑法化

面对持续增长的少年犯罪问题，各国给出了不同的治理处方，例如，"许多发展中国家对它们正在增长的犯罪问题的对策就是扩充警察，科处

---

❶　林山田，林东茂. 犯罪学［M］. 台北：三民书局，1990：42.
❷　林山田，林东茂. 犯罪学［M］. 台北：三民书局，1990：41.
❸❹　林山田，林东茂. 犯罪学［M］. 台北：三民书局，1990：42.

更重的刑罚，建立少年的和成年人的惩罚机构。这些昂贵的司法行政措施对避免犯罪的增长几乎毫无用处"。❶ 事实证明，却不如少年犯罪处理非刑法手段来的有效。原因在于少年犯罪现象与社会环境变迁有必然联系，即少年犯罪社会有责。一味惩罚而不对成人世界进行自我反思只会将犯罪少年越带越远。

（一）"社会决定论"是少年犯罪非刑法化的正当性根据

少年犯罪是工业化和城市化变革带来的社会问题，因此，少年犯罪社会有责。当少年犯罪成为一种必然规律即少年犯罪率随着社会结构的调整和经济发展的状况而发生变化时，还会有人质疑是孩子变坏了还是成人社会提供的环境变化了吗？基于社会决定论必然推导出对少年犯罪行为的社会责任，而不是单纯的个人道义责任。刑事新派理论的犯罪原因论既是对个人自由主义的否定，也是对国家自由主义的抛弃。也有人提出质疑刑事新派理论是主张社会防卫论，因此，保护少年与保护社会利益是相互对立的。百年前梁启超的《少年中国说》已表明少年与国家的关系："少年智则国智，少年富则国富，少年强则国强"。少年是祖国未来之栋梁，是社会发展的希望。保护少年与保护社会的根本利益是一致的，何来对立而不能两全之说呢？因此，法律不能仅用惩罚的手段应对少年犯罪，也不能苛责少年在易于模仿和学习的人生阶段，像成人一样付出沉重的代价，并为成年人社会制度安排或行为失范而买单。"随着现代化进程的开始，大批农民流入城市，在那里他们不可能再得到像现存农村环境那样稳定的生活方式，对各种各样的发展中国家的少年罪犯的社会背景的调查表明，在少年罪犯和他们的家庭之间，深刻地感觉到最近城市化的消极影响。少年罪犯的教育水平一般都很低，在许多国家他们从小学就退学了。少年罪犯在新来的城市居民的后代中占很大比例，他们的家庭生活是其父母的生活方式不稳定的反映。许多少年罪犯的个人经历的特点是：破裂的家庭，父母

---

❶ 路易斯·谢利. 犯罪与现代化：工业化与城市化对犯罪的影响 [M]. 何秉松，译. 北京：群众出版社，1986：78-79.

喝酒和失业，父母的社会地位和文化程度低。少年犯罪仅仅是与这些家庭密切相关的一个问题。"❶

（二）人身危险性考察是少年犯罪非刑法化的认定根基

少年犯罪是青春期的一种正常现象。反过来说，青春期的某些特殊性决定了少年犯罪的发生。经过犯罪学家的研究分析发现个体素质差异会影响犯罪的发生，如低智商、低同情心、冲动、低社会认知技能都与犯罪有重要相关性。❷ 由犯罪人类学可知"儿童初次为恶，不必惊惶；若再犯此，而仍不见有人类学上所谓之犯罪符号，则不必施重罚，人类为善之演进，如胎儿之变形，乃由渐而至；惟不良之教育，乃能使儿童中暂现恶性，成为一种习惯。斯宾塞尔于其名著《教育》中，谓教育过严，徒激儿童之怒，而不能令其悟所为之非，如此则不能令其与儿童之天然本能适合，一言蔽之，其所望者过奢，而忘却情感影响之大，不知虽成人亦不愿伤及感情也。"❸ 少年犯罪行为的发生通常情况下有一个渐变的过程，虽然在犯罪行为发生前可能不易被察觉，但其早期影响犯罪性格或反社会性格的形成是一个持续性的过程。不是严重的凶恶犯罪案件，无须采取严厉的惩罚，而应因材施教助其改正恶习。且少年犯罪行为比成年人罪犯具有更大的矫正可能性，少年犯可塑性更强。因此，"预防性措施对前者远比后者具有明显的减少犯罪的效果。但是，我们必须用对已经犯了罪或可能犯罪的青少年的生理和心理治疗来代替符合刑法典要求的责任分级。"❹ 在菲利看来，对少年犯罪的预防和对少年罪犯的矫治，基础不是刑法规范的责任分级，而是少年特有的心理和生理差异，即少年的个体差异所彰显的人身危险性才是预防犯罪和矫正罪犯的手段差异的基础。人身危险性既为

---

❶ 路易斯·谢利. 犯罪与现代化：工业化与城市化对犯罪的影响 [M]. 何秉松，译. 北京：群众出版社，1986：66.

❷ 麦克·马圭尔，保罗·罗克，克莱夫·R. 罗林，等. 牛津犯罪学指南 [M]. 4版. 刘仁文，李瑞生，王栋，等，译. 北京：中国人民公安大学出版社，2012：464-470.

❸ 翁腾环. 世界刑法保安处分比较学 [M]. 北京：商务印书馆，2014：439-440.

❹ 恩里科·菲利. 犯罪社会学 [M]. 郭建安，译. 北京：中国人民公安大学出版社，2004：319-320.

犯罪认定提出了依据,又为不同的处遇措施划定了界限。青春期一般是指 12 岁到 18 岁的一段人生阶段,它是人一生中各种身体素能、生理条件和心理成熟度等的变化最剧烈的阶段。"青春期通常被认为具有五个特征:对危险和新鲜事物充满好奇心、与成年人相比对危险行为潜在负面后果的评估认识不清、追求短期而非长期效应、对时间与自我控制理解力不够、易受同龄人左右。"❶ 美国少年法学者富兰克林将青春期称为人生的社会"践习许可期"。只有通过不断地选择,包括作出错误的决定,从错误中吸取教训,人才能成长,少年才能长成合格的社会成员。少年犯罪似乎是人生经历的必经过程,治疗少年犯罪最好的对策是矫治而非简单监禁刑。

二、非刑罚化

(一) 少年犯罪非刑罚化是刑罚个别化的必然要求

龙勃罗梭认为刑罚的严酷手段并不能有效地改造犯罪的孩子,监狱和教养院也是无效的。孩子具有较强的可塑性,如果他能生活在有道德和能力的家庭中,远离不利的城市生活污染,会更易于养成良好的行为习惯。相比较而言,监狱和教养院的监管模式作为一种机构化的管理很难做到对每个孩子给予个别化的处遇措施。而家庭、学校等更加宽松、有爱的环境,更容易针对不同的孩子给予不同的教育手段,帮助他健康成长。用惩罚换来的不是成长而可能是仇恨和轻蔑。以理服人、以德育人,才是最有效的教育手段。"少年法制领域具体提出个别化理念始于 1879 年美国的'监狱与感化院纪律全国会议'。大会通过的《原则宣言》指出:应该建立一种奖励制度,其内容包括减刑、囚犯参与收益的分配、逐渐减轻监禁程序、因其良好表现而不断增加特许权;确定刑应被不定期性取代,刑期的

---

❶ 张鸿巍. 儿童福利法论 [M]. 北京:中国民主法制出版社,2012:28.

伸缩应取决于其改造的程度，而不能仅据时间的消逝来计算。"❶ 尽管当时刑罚个别化理念仍然囿于刑罚领域进行思考，但是已经彰显其时代进步意义。即对于不定期刑在少年罪犯身上的适用是有益的。特别预防刑的必然要求就是刑罚的个别化，即只有针对不同的犯罪原因对犯罪人施以有针对性的处遇措施才能有效地降低犯罪人再犯可能性。因此，慎刑是少年犯罪非刑罚化的基本要求；处遇措施的多样性是少年犯罪非刑罚化的基本内容。

（二）少年犯罪非刑罚化是人身危险性考察的必然结论

犯罪行为是过去生活经历的积累，又是特定社会环境的产物，对少年罪犯人身危险性的考核既是一个会影响少年犯罪人未来又会影响未来社会发展变化的重大问题。人身危险性本身是一个面向未来的概念。但形成对人身危险性全面考察必然要回顾过去，探寻过往才能得出准确的人身危险性结论，才能对症下药的给予适当的个别化处遇措施。凭借对人身危险性的考察干预少年犯罪，可以有针对性地预防其再犯，是对未来犯罪生涯的阻断。人身危险性是施予刑罚、保安处分和保护处分的基础。社会调查报告制度既有对少年过去成长经历的了解，又有对其犯罪原因的分析，既会影响到法官对少年罪犯当下的处置，又会影响对少年再犯可能的预测。社会调查报告所针对的调查对象就是少年犯罪人的人身危险性。人格调查即是对其犯罪人格形成过程的考察。过去的人生经历不一定预见将来的必然，但会有一定的高概率性。"在20世纪，尽管美国的刑罚政策摇摆于报应、威慑和改造之间，但总的方向是从强调惩罚应切合犯罪向惩罚应切合犯罪人进行转变，摒弃向后看的、消极对待的理论转而向积极的可以影响犯罪人未来行为的目标前进。"❷

---

❶　姚建龙. 少年刑法与刑罚变革［M］. 北京：中国人民公安大学出版社，2006：71. 原文第71-72页内容中姚教授表示应将刑罚个别化表示为刑法个别化更为准确，恰恰证明了作者不明刑罚个别化的理论来源于教育刑和特别预防的思想。对发端于少年犯罪法的少年法基本理论根基关注者甚少，说明了学界对少年法基本理论研究的欠缺。

❷　孙春雨. 中美定罪量刑机制比较研究［M］. 北京：中国人民公安大学出版社，2007：310-311.

三、非正式性

（一）非正式性是人身危险性调查的必然要求

此处的非正式性是指刑事案件办理过程中，刑事证据的搜集、制作等内容的多样性。古老法彦告诉我们：迟到的正义就是非正义。任何对成年人的审判不仅要求正义的实现，而且还要以及时的方式实现。就现有的刑法体系而言，对于成年人犯罪原因的过往调查不仅被认为是没有实际意义的，即不会过多影响对犯罪人的定罪量刑，而且可能会被认为不适当地拖延了诉讼进程。相反，对于少年犯罪案件而言，对其人身危险性的调查不仅要倾心于过去、考察现在，还要关注其未来。社会调查报告制度的落实，需要有专业的调查员或称观护员通过对犯罪少年的生活环境、成长经历、性格特征、家庭结构等长时间跨度的历史性资料进行收集、整理，虽不具有刑事诉讼证据收集的正式性，但其重要性却不逊于刑事诉讼证据。因此，分离原则为少年犯罪案件中人身危险性考察提供了必要的时间，且不会受到拖延刑事诉讼审限的诟病。

（二）非正式性是刑罚个别化的前提保障

人身危险性的调查需要多方参与，横向的有社会调查员或观护员对少年犯罪原因形成进行的调查内容，包括对少年本人的访谈、少年家庭成员的调查、邻里或学校、社区的走访等，但求汇总一个真实的少年犯罪原因。横向调查又是为纵向调查提供的基础。纵向调查是指在法官最终依照少年犯罪人的人身危险性采取处遇措施时，需要少年本人、父母等监护人、社会调查员，甚至是社会、学校代表等多方在场情况下，法官通过对少年本人的了解，掌握父母的监护和教养能力、少年在社会或学校生活接受教育的可能效果，并综合社会调查员的调查报告和意见，最终做出采取何种处遇措施的决定。而正式的刑事诉讼程序中，程序的严格性、庭审气氛的严肃性、庭审调查中对事实调查的注重等，都与发现少年人身危险性并给出恰当处遇措施的少年犯罪案件处理目标相背离。因此，非正式性的少年犯罪案审理程序即分离原则和协商原则，是人身危险性调查的必然要求。

四、非公开性

（一）少年犯罪法非公开性是"决定论"的再现

公开的庭审不仅可以使庭审过程得到监督，而且可以使得行为人受到公众的谴责，承担道义上的责难。不仅是法律的制裁，社会名誉的损失也是犯罪人可能要承担的犯罪后果。而少年犯罪案件的审理目标不在于睚眦必报地追究少年犯罪行为的责任，而在于如何教导少年迁善。如果在公众舆论中承担过重的心理压力，难免少年会对自身有标签行为，可能会产生自暴自弃的心理，不利于再社会化的实现。

（二）少年犯罪法非公开性是特别预防思想的彰显

成人刑事诉讼如无特殊情况即涉及被害人隐私、国家机密、商业秘密等，是以公开审理为原则的。公开原则是司法公正的重要实现途径之一，即外部监督实现。但是少年犯罪法要求少年犯罪案件审理以非公开性为绝对要求，不是少年犯罪法不要求司法公正，而是另一更高位阶的价值追求——保有平等机会的必然选择。少年犯罪法非公开性体现教育刑的理念，教育的方式不是以责罚最为有效，而宽宥才是人成长过程中的良药。前科犯罪记录的存在，可能会剥夺少年成长发展的机会。对于成年人而言，犯罪记录的存在可能会剥夺部分就业机会或职业选择的空间。而对于少年犯罪法而言，保护主义理念下，必然要求对少年犯罪行为进行处遇后，仍然能够为少年成长保有平等的发展机会。在这样一个特殊的成长时期，忽视一次错误可能比总是提起错误，更使人能够吸取教训，谋求上进。社会的宽容将减少少年犯罪的成本，为社会未来发展积蓄一份健康的力量，让未成年人成为全社会的共同希望。

第三章 刑事新派理论与
少年犯罪法的演进：少年越轨法

第一节 少年越轨与少年犯罪

少年犯罪行为的形成并非一蹴而就，其中的越轨行为往往会伴随犯罪行为生成之前。"人当少年时期，血气未定，智力浅薄，各种机能，尚未成熟，兼之阅历极浅，而意志未坚，偶被外界诱惑，以往之前，无恶不作，况又模仿性在此时期为最强，若感染不良习惯，至成年以后，颇难预防其恶害之发生。近代世界各国，对于少年人，均认为无责任能力，不加以刑罚，而施以特别预防。所为特别预防，即保安处分是也，故曰保安处分能适用于少年人。"❶ 即对少年犯罪前就沾染的恶习，虽无法施以刑罚，但可以保安处分的方式进行特别预防。质言之，对少年犯罪前可用少年越轨来描述，对少年越轨的约束可施以不具有刑罚性质的保安处分。

一、少年越轨概述

（一）少年越轨概念

1. 少年越轨概念在我国法律中的内容范畴

少年越轨（juvenile delinquency）是个新概念，是少年法、少年司法所

---

❶ 翁腾环. 世界刑法保安处分法比较学［M］. 北京：商务印书馆，2014：192.

发明的新概念和核心概念。少年法院诞生地为美国，少年司法的法律术语均为英语系的原创。各地在复制少年法院体系时对其术语的引进和翻译不同，有将少年越轨翻译为少年罪错❶、少年偏差或少年非行等多种版本。社会学范畴的越轨概念较为广泛，通常是指违反法律、规范和他人认可的社会生活准则的一切行为。而少年法学范畴的少年越轨内涵较之狭窄，是指已经构成犯罪但不必、不得施以刑罚，违法和违反大众认可社会生活准则且有犯罪之虞的行为。越轨行为在社会学意义上可分为两种，一种是良性越轨，一种是恶性越轨。良性越轨可能会成为引领社会朝着好的方向进行发展或变革的动力。恶性越轨可能导致犯罪发生。少年越轨在我国现行法律规范体系下，主要包括四个方面的内容：其一，如果未成年人所为构成刑事犯罪的行为，即"少年犯罪行为"（juvenile criminal offense）；其二，如果为成年人所为即构成刑事犯罪的，但是因少年未达到刑法所规定的刑事责任年龄不构成刑事犯罪的行为；其三，少年实施的违法的行为；第四，某些行为，如果为成年人所为不构成违法，但如果为少年所为则构成违法，因为这些行为可能导致少年的堕落甚至犯罪。申言之，是少年的特殊身份决定了这些行为的违法性，故而，这些违法行为被称为"少年身份犯"（juvenile status offense）。在英美法系的部分国家，如美国少年越轨则仅包括两个方面的内容：第一，如果未成年人所为则构成刑事犯罪，即少年犯罪行为；第二，如果为成年人可以自由实施的一些行为，但少年所为则被国家所禁止的行为，如逃学、离家出走、吸烟、夜间游荡街头等非犯罪行为。根据我国台湾地区"少年事件处理法"第3条之规定，少年越轨包含触犯刑罚"法律"和虞犯行为两个方面内容。

---

❶　姚建龙教授将少年越轨译为少年罪错，按照美国犯罪学界和少年法的通常界定，大体可将少年罪错分为两类行为：第一类是少年犯罪行为，这种行为和成人犯罪一样都是对刑法的触犯。第二类是少年身份罪错行为（statute offense），简单的说，这种行为虽然不触犯刑法，不属于犯罪（crime），但却是成人可为而少年不可为的行为，如逃学、不服父母管教、夜不归宿等。这种行为一般由少年法规定，在传统上属于少年法院管辖的案件范围。姚建龙. 超越刑事司法——美国少年司法史纲 [M]. 北京：法律出版社，2009：4.

2. 少年越轨的概念延伸

少年越轨的概念具有显著的革命性，具有道德上的去污性。对于少年的问题行为去污化，显示了一种理性和冷静。其暗示着对少年予以特别保护这一根本的价值方向。我国学界也有人将"juvenile delinquency"翻译为"少年罪错"或"少年偏差"❶，即认为此概念包含两方面的基本内容：其一，"罪"，即依照刑法，其行为成立为犯罪；其二，"错"，即其行为虽然没有构成犯罪，但有犯罪之虞，如不善加管束，则很可能走上犯罪道路。此非一般意义上的"错"，即其不良行为可能已经偏离了一般社会生活规范或行为规范对少年的期待，而此种错可能预示着将来走向犯罪的高度概然性。我国不少学者更容易接受"少年罪错"的概念，因为其意思比较明确，但"少年越轨"的概念更具有革命性，其在道德上的去污化作用更为显著，而且少年越轨行为的管辖通常都是由少年法院即少年特别法院进行管辖审理。越轨概念的使用更容易使少年的严重犯罪行为即由普通成人法院管辖的部分少年犯罪案件，从性质上予以区别。

从英语系中，将少年越轨和少年犯罪严加区分的术语标注方式，就已经证明了两者之间是有各自所辖的内涵和外延的不同概念。虽然，少年越轨概念按照我国学者的理解当然包含了即便是未成年人所实施的仍要承担刑事责任的部分少年犯罪行为，但是少年越轨与少年犯罪之间却有着本质的不同。少年犯罪在有独立少年法体系或说有独立少年法院建制的国家可能是专指不能由少年法院管辖的较为严重的少年犯罪行为，而不能够被少年法院的保护主义理念所能包容的可以被处以特殊处遇而不是刑罚惩罚措施的"少年轻犯罪"行为是被排除在外的。少年越轨与少年犯罪之间的概念区别隐含着少年法律制度与传统刑事法律制度的根本分野。其一，前者为"偏离正常社会化发展轨道"之意，弱化了道德伦理上的价值判断，而后者在道德伦理上的消极价值判断则是非常显著的；其二，前者更多地暗示着社会责任，而后者更多地暗示着行为人（少年）的个人责任；其三，

---

❶ 少年偏差在社会学上具有更加广泛的定义，包括犯罪、偏离社会生活规范或是社会生活中个体对他人的主观评价即他人不符合个体的行为规范准则的行为都可以被称为偏差行为，其比越轨的概念更加广泛。

从逻辑上而言，前者的法律对策主线必然是康复矫治（rehabilitation）和保护，即运用多种多样的处遇措施（disposition），令越轨少年回归健康发展的正常轨道，而后者的法律对策则必然强调定罪与量刑（conviction and sentence）、惩罚与威慑（punishment and deterrence）。它包括了如果为成年人所为则构成犯罪、违法或违规的儿童行为。但是一旦被借鉴到法学领域，那么就意味着它被赋予了明确的内涵，且具有裁判规范的功能，需要为法官和相关的少年保护工作者，提供一个明确的标准而不是可能引发国家亲权与父母监护权相冲突又不利于少年健康成长的标签性的法律概念。因此，少年越轨的明确界定意义重大。"在英语中，为了将'违法行为'或'错误行为'纳入少年司法范围，犯罪学家采用'juvenile delinquency'表示'少年犯罪'的概念。"❶ 通常情况下，犯罪学家在研究"少年犯罪"时，是从其观察到的社会现象出发，即现象中可能被施予强制措施处遇的行为都会成为它的观察对象。因此，它的研究范围就会比规范刑法学中考察的犯罪对象更加宽泛。此种分歧原因固然有母语表述的差异，所以翻译的时候可能基于对特有名词内涵的误解无法达到翻译时的"信、达、雅"。究其根本在于我国没有独立的少年司法体系，故进行翻译研究时，难免会有对接障碍。有独立少年司法建制的美国，基本上都是将我国刑法中规定的少年犯罪、未达刑事责任年龄不用承担刑事责任的少年犯罪、治安管理处罚法中规定的少年违法、违反社会行为规范的身份非行纳入少年司法管辖范围，统称为"juvenile delinquency"（少年越轨）。故，将"juvenile delinquency"译为少年犯罪虽符合我国的法律用语习惯，易于理解，但却丢失了该语词的部分内涵。

（二）少年越轨与相关概念辨析

1. 虞犯

虞犯是指有犯罪之虞或影响社会治安之虞者。虞犯概念是社会对少年行为的早期预测性评价。与不良行为具有等同内涵。"社会学家塔夫特

---

❶ MUNCIE J. Youth and Crime：Acritical Introduction [M]. London：SAGE Publication, 1999：37.

（Donald R. Taft）在其 1942 年出版的犯罪学教科书中，首先创用'虞犯（predelinquency）'的概念，塔氏观念中的虞犯是指失养失教的儿童及少年，其放荡行为虽有犯罪的可能，但并未达于违反刑法的程度。从犯罪预防的观点，塔氏认为虞犯应及早加以法律上的反应。"❶ 对于虞犯的内涵小于越轨，虞犯是越轨行为中，与法律的联系最远的一个概念，更像是一个社会学中的概念，其核心标准失教失养的具体内容有哪些，何种行为属于少年的放荡行为，而何种行为又属于与犯罪有着高度联系的早期行为，这些都建立在对社会的观察和研究的基础之上。有没有一种科学可以准确预判虞犯行为与犯罪之间的关系，答案是否定的。我们只能从社会现象的观察中，发现某种模糊的联系，而无法准确判断出两者的必然联系。

2. 少年偏差行为

偏差是一个教育学中经常使用的概念，而越轨是社会学中的概念。其实，二者核心内容是一致的，均是违反了社会生活规范的行为，即违反了成人世界对少年期待应有的社会行为规范的行为。只是二者的观察点不同，偏差是从一个个体的视角出发，具有教育纠错或纠偏的期许在里面，而越轨是站在一个宏观的视角，认为其行为是违反社会规范的社会现象。两相比较，越轨概念的使用，更适宜用于法律规范中，表示一个较为宏观的内涵。也有社会学的教材中，为了区分越轨与犯罪，将越轨行为意味偏差行为。❷ 如日本少年法中明确了"少年越轨"即"所谓少年非法行为，就是不满 20 周岁的人即少年的犯罪行为、触法行为、虞犯行为三种类型。与这些少年非法行为相对应，该法也规定有犯罪少年、触法少年及虞犯少年这样三种非法少年。所谓犯罪少年，就是 14 岁以上不满 20 岁、实施了犯罪行为的少年。所谓触法少年，就是未满 14 岁但实施了触犯刑罚法令行为的少年。所谓虞犯少年，就是 20 岁未满、将来可能实施犯罪行为或者触法行为的少年"。

---

❶ 林山田，林东茂. 犯罪学 [M]. 台北：三民书局，1990：58.
❷ 亚历克斯·梯尔. 越轨社会学 [M]. 王海霞，范文明，马翠兰，译. 北京：中国人民大学出版社，2011：3.

3. 不良行为

从社会学意义上来讲，不良行为属越轨行为之一种。从法规范层面而言，其属于广义的少年越轨法调整的范畴。对于少年不良行为的界定，域外立法层面不仅有差异，学者进行学术探讨时，也将不良行为赋予了不同的内容。如美国少年法学者巴里·菲尔德明确了"少年的非犯罪的不良行为，即身份犯，如逃学者、屡教不改者、执拗不顺者、离家出走者、违犯宵禁者以及饮酒和吸烟者。身份犯所规制的少年行为如为成年人所为则不构成犯罪。身份犯系指法律禁止的某种行为，如为成人所为则不成立违法。"❶ 前述身份犯的类型，在我国台湾地区"少年事件处理法"被规定为"虞犯"类型，即台湾地区的虞犯概念既包括身份犯也包括了非身份犯的一般违规行为和未遂或预备构成犯罪但不处以刑罚的行为。日本少年法中规定的不良行为基本上与美国少年司法管辖范围的不良行为内容一致。我国《预防未成年人犯罪法》第 14 条采取列举式对不良行为做出了类型化界定❷。根据不良行为的严重程度、实施行为的次数、场所、方式、内容等，该法又规定了"严重不良行为"❸ 的种类。这种规定的未成年人不良行为和严重不良行为，基本上等同于我国台湾地区"少年事件处理法"中的虞犯行为，等于日本少年法规定的不良行为和虞犯的总和。无论是域外名为虞犯抑或不良行为都属于应受少年法调整规范的越轨行为，即国家公权力可以介入的社会生活领域。

---

❶ 巴里·C. 菲尔德. 少年司法制度 [M]. 高维俭，蔡伟文，任延峰，译. 北京：中国人民公安大学出版社，2011：20.

❷ 我国《预防未成年人犯罪法》第14条之规定："不良行为是指：（一）旷课、夜不归宿；（二）携带管制刀具；（三）打架斗殴、辱骂他人；（四）强行向他人索要财物；（五）偷窃、故意毁坏财物；（六）参与赌博或者变相赌博；（七）观看、收听色情、淫秽的音像制品、读物等；（八）进入法律、法规规定未成年人不适宜进入的营业性歌舞厅等场所；（九）其他严重违背社会公德的不良行为。"

❸ 我国《预防未成年人犯罪法》第34条之规定："本法所称'严重不良行为'指下列严重危害社会，尚不够刑事处罚的违法行为：（一）纠集他人结伙滋事，扰乱治安；（二）携带管制刀具，屡教不改；（三）多次拦截殴打他人或者强行索要他人财物；（四）传播淫秽的读物或者音像制品等；（五）进行淫乱或者色情、卖淫活动；（六）多次偷窃；（七）参与赌博，屡教不改；（八）吸食、注射毒品；（九）其他严重危害社会的行为。"

二、少年犯罪与少年越轨的关系

(一) 少年犯罪与少年越轨概念辨析

1. 从内容上看，少年犯罪比少年越轨更易明确

"在经典研究中，J. L. 西蒙斯做过一次调研，询问公众认为什么样的人是偏差行为者。人们曾提到过 252 种不同种类的偏差者，包括妓女、酒鬼、吸毒者、杀人犯、精神病患者、身体残障者、信奉共产主义者、无神论者、说谎者、民主党人、共和党人、飙车族、自怜者、退休者、离异者、基督徒、郊区白领、电影明星、职业桥牌手、和平主义者、精神病学家、牧师、自由主义者、保守主义者、基层管理者、自以为是的学生、知识渊博的教授。……社会学家们对偏差行为也没有达成共识。我们可以说，对偏差行为的研究可能是所有社会学课题中最'偏差'的行为。社会学家关于偏差行为概念的分歧比其他任何课题都大。"❶ 比如比尔盖茨退学的事情，在国人眼中如此惊世骇俗，但在当下，大学生休学创业已不再是什么新闻。曾经的越轨是现在的勇气可嘉。越轨是一个社会学意义上范围，弹性很大且可能会因人而异的概念。"在 19 世纪的美国，少年社会角色期盼主要包含以下五个方面：1. 监督，强调少年应当受到严格监督的重要性，特别是父母应当担负起监督少年的职责……。2. 规训，即强调少年受到规训的重要性，而不应该被纵容或溺爱，少年应当会学自我控制和举止得体……。3. 庄重，即强调少年应当庄重……。4. 勤奋，即强调少年应当勤奋。……5. 服从，少年应当尊重和服从权威……。"❷ 对于违反了这些角色期待的少年行为，均被视为少年越轨行为。事实证明，19 世纪的少年越轨现象并没有当下严重，显然 19 世纪的社会期望值远远高于当下各国立法中认定的少年越轨的标准。从另一侧面也反映出，19 世纪的美国少

---

❶ 亚历克斯·梯尔. 越轨社会学 [M]. 王海霞，范文明，马翠兰，译. 北京：中国人民大学出版社，2011：3-4.

❷ 姚建龙. 超越刑事司法：美国少年司法史纲 [M]. 北京：法律出版社，2009：40-41.

年越轨现象并没有达到需要法律调整和规范的程度，亦不是需要公权力的干涉和调整的严重社会问题。少年犯罪与少年越轨都是随着社会发展而变迁的一个社会学和法律规范中的概念。少年犯罪更加具有刚性的要求，而少年越轨较之少年犯罪有着更加柔和的情感掺杂，即越轨内涵会随着社会对少年行为的期许而有所调整。对越轨行为的认定可谓仁者见仁，智者见智，不一而足。

2. 从平均年龄上看，少年越轨往往低于少年犯罪

一般各国追究刑事责任的年龄下限均有明确规定，我国也不例外。我国《刑法》第 17 条规定未成年人可能承担刑事责任年龄最低下限为 14 岁，低于 14 岁一概不承担刑事责任，不能施予刑罚。但可以对其施予训诫、责令具结悔过、要求监护人加强监管或必要时由政府收容教育。在美国 38 个州及哥伦比亚特区中，少年法院管辖权的年龄为 15 岁到 17 岁不等，有 16 个州还设置了越轨案件管辖权的年龄下限，从 6 岁到 8 岁不等，其中有 11 个州为 10 岁。我国台湾地区"少年事件处理法"的调整对象年龄下限为 12 周岁。日本少年法规定少年非行即少年越轨管辖的年龄下限包含未满 14 周岁的少年。

（二）少年犯罪与越轨的关系

1. 越轨能否证成"犯罪"——越轨是犯罪的早期征兆

根据实证研究表明，有早期越轨表现的少年就意味着少年犯罪的高概率性。根据美国犯罪学家萨瑟兰对犯罪原因的分析，他认为学校教育对少年犯罪率有着显著的影响。"在一些接受少年法庭审理的青少年群体中，有 60% 多的人曾经习惯性的逃学。在剑桥样本中，58% 的小学逃学生后来被发现有少年犯罪行为，而相比之下，在其他少年中，这一比例仅为 18%。中学生逃学与少年犯罪也存在联系，48% 的中学逃学生发展为少年犯罪人，相比之下，在其他人之中，这一比例是 15%。而且，逃学是成年后第一次被定罪的很好预兆。同样，在对接近 200 名 1930~1934 年出生在圣刘易斯、至少上过 6 年公立学校且智商都在平均水平以上的男性进行的研究中，罗宾斯和拉特克利夫发现，逃学是成年人越轨的很好预兆。在小

学和高中频繁逃学的男性在成人越轨比例方面似乎是那些没有明显逃学历史之人的2倍。"❶ 逃学往往只是一个可以呈现的典型越轨行为，隐形的越轨行为则更加严重、恶劣。逃学不仅意味着远离正常生活作息的少年群体，更意味着向另一群越轨少年群体的靠拢，甚至是成为成年人犯罪的工具。事实证明，逃学与夜不归宿是相继发生的，二者几乎是少年奔赴犯罪路上的"良伴"。在脱离监护人监管的情况下，少年越轨行为会越来越多，并更多地受到不良同伴的影响，甚至可能会有严重的违法犯罪行为发生。❷

"有许多的实证研究，指出课业不佳、学习不良、不喜欢学校，是预测少年偏差行为的重要变项。"❸ 美国犯罪学家希利（Healy）更直截了当地指出："逃学是犯罪的幼稚园"❹。"希利及布洛妮（Bronner）的研究（1936），显示少年犯之中，有58%的逃学者。谢尔顿（Sheldon）及格鲁克（Glueck）的研究（1936），显示少年犯之中，有58%的逃学者。Sheldon及Glueck的研究（1950）则显示出，少年犯之中，有94.8%逃学，而非少年犯之中，仅有10.8%逃学；而且，少年犯的逃学年龄较早（在11岁以前），非少年犯较晚（在11岁之后）。"保有一定误差或弹性空间的实证研究，才是科学的态度。任何越轨不一定预示着一定有少年犯罪，如果是这样我们就可能不用进行任何科学研究了，因为越轨就等于必然犯罪，我们不是任何手段都回天无力了，所以科学的数据不是为了让人们一筹莫展地放弃教育少年的信念，而是让人们能对症下药地找到正确的教育矫正手段。人们在可以做可能会影响少年发展和成长的事情，也有能力做的情况下，只是不确信是否会成功。但是没有任何理由可以充分说我们可以在少年越轨行为的早期干预面前望而却步。

---

❶ 埃德温·萨瑟兰. 犯罪学原理 [M]. 吴宗宪, 译. 北京：中国人民公安大学出版社, 2009：278.

❷ 2019年3月，笔者通过对C市近5年的收容教养人员的调查，发现该部分群体90%以上因多次盗窃、抢夺等侵财行为被收容教养，且该部分人有相对稳定的、类似的发展轨迹，即监护人监管不力、逃学，后夜不归宿，与同龄人结实，早早步入"成人"生活阶段，吸烟、饮酒、纹身习以为常，甚至14岁的未成年人已经有了3年的吸毒史。

❸ 林山田, 林东茂. 犯罪学 [M]. 台北：三民书局, 1990：253.

❹ 林山田, 林东茂. 犯罪学 [M]. 台北：三民书局, 1990：254.

2. 少年犯罪不一定有越轨表现，有越轨行为不必然有少年犯罪行为

多项实证研究表明，逃学、游荡、抽烟、药物滥用等不良行为均为少年犯罪行为的早期征兆。因此，少年法院对出现诸如前述越轨行为的少年进行干预，其目的在于对少年犯罪行为预防和正当社会行为规范的教育。少年法院管辖范围不止于少年犯罪行为，其对少年越轨行为的干预同时也体现了国家公权力对个人生活的渗透和影响，其对少年越轨行为采取的干预手段与少年犯罪行为的处遇几乎只有量上的差异而无质上的区别。支持说认为，越轨概念的使用起到了为"少年犯罪"行为去标签化和道德伦理的否定评价的积极作用；反对说认为，少年越轨概念的引入导致国家权力对少年自由权利的干涉甚或起到负面的标签作用。举一个社会心理学中现象，如果一个人从事某种被多数人认为异化的行为，是个人"癔症"，如果多数人都从事同样的被少数人认为异化的行为，是群体"癔症"，他们系统内部之间也会有一定的正当性强化，如暴力恐怖主义训练等。同理，如果对于少年越轨行为的早期干预手段较为常见，在社会评价体系中，这也会成为一种较容易被认可的社会管理手段，而不会带来更多的负面社会评价，多数青少年在成长过程中，都有或多或少的越轨表现，引起公权力部门的注意是一种高概率事件的情况下，就不会为青少年带来困扰。如果越轨行为得到关注的概率很低，则可能会为青少年带来较大影响。

3. 少年犯罪与少年越轨在内涵上存在交集关系

关于少年犯罪的概念在第二章中已有较为详尽的阐述，在此不再赘述。少年犯罪根据我国刑法的规定，就是已满 14 周岁未满 18 周岁，需要承担刑事责任的少年犯罪行为。虽然根据各国立法，少年具体承担刑事责任年龄的下限可能会有所不同，但本质上都是特定的少年实施的符合刑法犯罪构成的、需要承担刑事责任的犯罪行为。越轨是一个社会学中的概念，它有着较为宽泛的内涵，通常不仅有违反法律规定的犯罪行为还包括了违反一般社会生活规则的行为，它与少年犯罪概念不是包含的关系而是交集关系。

第二节　少年越轨法

由于少年越轨行为的法律干预具有预防犯罪的重要价值，因此有学者将少年越轨法称为少年保护法。如我国台湾地区学者林纪东在总结少年法的发展轨迹时，提出在少年刑事法确立之后，"迨后复鉴于不良少年为犯罪少年之种子，欲防止少年犯罪，不宜仅制裁于犯罪之后，而宜预防于犯罪之前，当其有犯罪之虞时，即宜加以保护，而所以预防少年犯罪之方法，保护尤重于刑罚，于是各国少年法制，乃由刑事法之性质，转而增加保护法之成分，其含义乃较前为广。"❶ 笔者认为就少年越轨法规范内容的属性分析，对于越轨行为仍具有一定的否定性评价，且采取的纠正或调整越轨行为的手段，偶有限制越轨少年自由的方式。若称此种法律为少年保护法，似乎有以爱的名义任意剥夺少年自由之嫌，而保护措施的预设是指遭受某种不当损害，故少年保护法的内涵应另有所指，本文第四章将详细论述。

一、少年越轨法的发展简史

少年越轨概念的诞生可以说是少年犯罪从成人犯罪处遇中彻底分离的一个标志。以日本的少年法发展为例，1922 年少年法中便规定了少年犯罪这一概念，确立了少年犯罪与成人犯罪分离的原则。到了 20 世纪 40 年代时，"少年非行尚未成为一个社会问题。所谓的儿童或青少年问题，主要都是为了养育而力图充实生活环境和法律制度，主要围绕经济方面的安全和稳定为目标。因此，当时社会关注的问题都是'贫困儿''流浪儿''买卖儿童'等问题。进入 20 世纪 50 年代，则开始有了些细微的变化，如以'可怕的少年们''担心的少年犯罪倾向''暴力犯与少年非行的增

---

❶　林纪东. 少年法概论［M］. 台北：台北编译馆，1972：12.

势'等为题目的文章常常见诸报端，具有很强影响力的报纸《朝日新闻》时常有关于少年问题的报道，成为引起大众关注的一个主要途径"。❶ 当时日本社会所关注的不仅仅是少年犯罪问题，还包括有犯罪倾向等少年越轨行为。由此，日本少年政策被导向了更广泛的干涉面，即越轨行为干涉，以期预防少年犯罪。就越轨法的立法体例上，有多种形式，有散落于各部门法的，如我国的《刑法》和《治安管理处罚法》中对部分少年越轨行为的分别规定；有与少年犯罪行为整编一处的，如我国台湾地区的"少年事件处理法"；有与少年犯罪及少年民事案件统一于一部法律的，如日本少年法。在福利型少年司法理念的指引下，少年法院的管辖范围日益扩张，似乎有褫夺少年犯罪法刑罚权之势。

二、少年越轨法基本理念：防微杜渐

（一）早期干预

龙勃罗梭以天生犯罪人概念而成名，似乎有犯罪人宿命论之嫌，但龙勃罗梭通过对犯罪人的实证研究后，也认识到了对少年犯罪早期预防的可能性和必要性。他认为孤儿和贫穷儿童等生活处遇堪忧的儿童成年后具有更大的犯罪可能性，对于这部分儿童国家应当早期进行干预为其提供教育和生活保障，以防止犯罪行为发生。根据后续犯罪学的实证研究，基本上也证实了贫穷的儿童更容易失养失教。因此，龙勃罗梭的对策具有相当的现实性，它体现了国家"慈善"和对贫苦儿童或说潜在犯罪人的早期干预理念。基于犯罪学实证研究，犯罪学家提出了早期预测理论。对于该理论的科学性也是不无质疑的。理由有三点：一是越轨行为具有自愈性，即不干预也能健康成长；二是越轨行为认定也是一种负面标签，反而不利于少年健康成长；三是对少年犯罪与少年越轨处遇方式只有量的差异，无质的区别，对少年越轨者处遇惩罚性过重，显失公平。"20 世纪 70 年代，批评

---

❶　吴海航．日本少年事件相关制度研究：兼与中国制度之比较 [M]．北京：中国政法大学出版社，2011：190-191．

者反对少年法院的身份犯管辖权给予非刑事的违法者和因犯罪而被裁定为越轨者同样的待遇，以单方干预的方式使得家庭和其他的案件提交来源不能有效运转，并为少年法院带来了无法克服的法律问题。许多州将身份犯从越轨的法律定义中移除，并将这些儿童重新贴上'需要监管的人'或'需要监管的儿童'或类似的标签。有几个州已经将身份犯从少年法中移除，并将其作为'需要扶助的儿童'予以处理。"❶ 由于，少年越轨行为干预中有严重不良行为、虞犯等内容，但对前述行为处遇与"少年犯罪"处遇没有质的差别。有人质疑少年越轨处理不是将少年犯罪行为轻缓化，而是将轻缓少年违法行为刑法化，其质疑的依据就是依照我国传统的刑法思维模式看待少年司法问题，即犯罪是很严重的事情，即使是换个名称依然不能去其污名。

（二）注重保护

少年越轨行为是一个具有相当弹性的变动中的概念。对越轨内涵的认识也是随着时代的调整而调整的，如早期的越轨可能就是吸烟、逃学、夜间街头游荡、与社会上不良人员交往等，但随着互联网时代的发展，如网络成瘾、滥用毒品等。究其实质在于对少年可能走向犯罪的早期不良行为的干预。"进步时代改革者将少年法院构想为一个'国家亲权'机构，即对不胜任父母的一种良性替代，并将身份犯纳入其越轨行为的定义中。少年法院的部分使命包括了对其他人关于儿童期规则的贯彻执行，如父母的管束、强制参加学校教育的规定以及法官关于儿童培养的规范认识。"❷ 尽管对于身份犯的管辖问题曾经引起广泛的争议，但是从各国的少年司法实践来看，身份犯仍是少年司法管辖的常态对象。此种身份管辖体现的却不是法院或少年司法机关的权利主体性，而是对虞犯少年的保护理念。帮助脱离父母监管或父母与子女之间管辖紧张的孩子修复与父母的关系，不要

---

❶ 巴里·C.菲尔德. 少年司法制度 [M]. 高维俭，蔡伟文，任延峰，译. 北京：中国人民公安大学出版社，2011：42.

❷ 巴里·C.菲尔德. 少年司法制度 [M]. 高维俭，蔡伟文，任延峰，译. 北京：中国人民公安大学出版社，2011：39.

在外游荡；帮助逃学儿童"逃离"或威胁到学校对其的控制之时，少年法院便再次主张学校的管控。诸如"恣意妄为""道德败坏"饮酒或性尝试之类的少年行为，形成了对少年长远发展的威胁。因此，禁止少年实施成年人可以自由实施的活动是少年越轨法防微杜渐保护主义理念的体现。对于少年越轨行为干预的必要性是毋庸置疑的，关键就是在于准确性和去负面性。换言之，对于少年越轨干预的本体论没有争议，但是对于方法论却颇多分歧。因此，保护主义的早期干预理念，如何变成现实的少年保护行动需要不断地调整和完善，就如同越轨行为内涵的界定一样应当与时俱进。既然是早期干预就有可能存在本不用干预也可能会健康成长的个案，因此，少年越轨干预的去负面效应最好的办法就是少年越轨者不被标签化，不仅是指被干预的信息保密问题，更是社会公众对少年越轨干预行为的认可度和宽容度的提高。

三、少年越轨法的基本内容

（一）少年越轨的非犯罪本质

由于少年正处于特殊的身心发展阶段，其心智尚未成熟、易受环境影响、易冲动、易从众等心理，往往导致其遵守规范的意识不强，没有充分意识到违反规范可能带来的严重后果。少年身心的成熟度与成人的心理成熟度不是一个量多量少的关系，而是一种质变与量变的关系，即成人期与青春期是一个具有明显断代和隔阂的人生阶段，往往是不能够被对方所能理解的。尽管心理学、教育学、社会学都在试图勾勒儿童的世界，但是仍然只是勾勒，无法完成复写，所以对少年越轨行为适用成人行为的评价规则，给予所谓的适当酌减的轻罚是不具有正当性的。因此，早在美国少年法院创建之初，就已经明确了对越轨少年追究刑事责任缺少正当性根据的基本理念。这样一个基本理念亦明确地将犯罪的污名和刑罚的适用排除在了少年越轨案件之外。"正如丹佛少年法院一位早期的法官本·林赛（Ben Lindsey）所言，我们那些打击犯罪的法律不适用于儿童，正如其不能适用于白痴一样。"❶ 在美国少年法院创立之初即以排除刑事责任和可责性概念的使用，使得少年法院管辖的少年越轨案件处理不同于一般的成人犯罪案件。由此，少年越轨的非犯罪本质，决定了少年越轨行为对应处遇措施的非刑罚性和非机构性的监禁处遇等，是更多运用社会资源而非司法资源进行处遇。如经社会调查员或观护员认定少年越轨行为的原因在于亲子关系问题引发的，可能少年法院的法官会要求父母带着越轨少年参与适当的心理辅导来修复亲子关系。越轨行为的处遇不一定会伴随着"痛苦"的惩罚性措施，而是一种基于良善的动机而提供必要的帮助，如社会服务、社会救助、心理指导、亲职教育等公共资源支持。越轨法适用对象的广泛性，从犯罪少年到有犯罪之虞的少年，决定了其越轨处遇的非犯罪本质，对于犯罪少年而言其接受的是越轨处遇，有去犯罪标签的作用，而犯罪之虞的少年因为其行为本身违反社会生活规范性或行为规范期待及越轨案件来源的多样性，甚至会有包括虞犯少年父母的主动申请，均决定了越轨处遇的非犯罪本质并具有早期干预的保护性质。

（二）适用对象的特殊性

1. 越轨行为人的低龄化

通常刑法中规定的刑事责任年龄为 14 周岁，但是少年越轨管辖年龄下限要明显更低。例如，在美国 38 个州及哥伦比亚特区中，有 16 个州设置了越轨案件管辖权的年龄下限，从 6 岁到 8 岁不等，其中有 11 个州为 10 岁。日本少年法规定的少年非行的管辖年龄下限包括未满 14 周岁的少年。我国台湾地区"少年事件处理法"中规定的少年事件管辖年龄下限为 12 周岁。虽然，少年法院管辖的少年越轨年龄的低龄化有扩大少年处罚范围之嫌，但就越轨行为本质而言，越轨行为管辖年龄低龄化并不会给少年带来负面标签效应，反而会更有利于少年犯罪行为的早期预防。因为越轨行为中所违反的法律、社会行为规范或道德规范不同于少年犯罪行为触犯的

---

❶ 玛格丽特·K. 罗森海姆，富兰克林·E. 齐姆林，戴维·S. 坦嫩豪斯，等. 少年司法的一个世纪 [M]. 高维俭，译. 北京：商务印书馆，2008：129.

刑律，故，尽管越轨行为处遇有强制性限制越轨行为人自由的措施，但仍不能改变越轨具有非犯罪的本质。

2. 越轨行为类型广泛

根据前文所述越轨行为的适用对象不仅包括相对较轻的少年犯罪、未达刑事责任年龄的违反法律的行为，还包括少年实施了不良行为可能有犯罪之虞的行为。尽管社会背景、文化有所差异，但对虞犯行为的划定目的较为趋同，即其调整范围都是以少年犯罪预防为价值追求。例如，《日本少年警察活动规则》第2条规定的不良行为有："饮酒、吸烟、深夜徘徊，以及从事损害自己或他人德性的行为。"其中，关于"损害自己或他人德性的行为"内容，主要是指"少年的滥用药物、粗暴行为、携带管制刀具、非法要求获得贵重物品、携带贵重物品、性恶作剧、暴走行为、离家出走、擅自外宿、逃学、不健康性行为、不良交友、不健康娱乐及其他行为。"[1] 对于有损德性的行为的界定就较为宽泛，不易达成一致意见，这会给少年法官留下较大的认定空间。另有，我国台湾地区对于少年虞犯的规定，与日本少年法中不良行为内容大体相同。我国台湾地区的虞犯类型，还包括有"预备犯罪或犯罪未遂而为法所不罚之行为者"。

（三）少年越轨处遇的特殊性

1. 处遇根据基于犯罪原因

少年越轨行为处遇基础不是少年行为的可罚性，而是对少年犯罪行为的早期预防。因此，对于少年越轨行为的原因及其行为的未来预测是越轨行为处遇的前提条件。这就要求对越轨少年进行全面、真实、客观地调查。少年越轨法中，对越轨少年的调查是一项必不可少的法律设计。如我国台湾地区"少年事件处理法"第19条规定了对越轨少年的调查内容十分广泛，应当包含少年之品格、经历、身心状况、家庭情形、社会环境、教育程度等内容。往往针对越轨少年的调查可以确定越轨行为发生的原

---

[1] 吴海航. 日本少年事件相关制度研究：兼与中国制度的比较 [M]. 北京：中国政法大学出版社，2011：161-162.

因，其成长经历中的哪些因素和表现可以作为保障其成长为一名有责任心、有尊严的成人。相应的，在少年越轨案件的诉讼程序过程中，也有别于成人刑事诉讼的特别程序。例如，美国大多数州的上诉法院均排除了越轨少年主张的未成年和精神病的辩护事由，认为康复宗旨能够保证越轨少年获得及时的帮助和治疗，而不是严格的刑事诉讼程序所主张的平等原则和以责任为基础的刑罚裁量。

2. 处遇措施的多样性

日本少年法对非行少年的处遇措施包括少年保护观察、移送儿童自立支援保护设施和儿童养护设施、移送少年院和对非行少年的刑事处分等多种类型的特殊处遇措施。其中，在少年院和监禁处分的过程中，均设有目的在于帮助非行少年获得社会生活能力、帮助其健康成长为目的等不同类型的学习内容。包括文化教育课程、职业指导课程、前途指导课程、生活训练课程、职业能力开发课程、特殊教育课程、医疗措施课程等多元学习内容。此外，日本少年法"在福利设施中的看护活动、社会服务活动、体育活动社会参与型的处遇，有利于形成少年的社会性，培养其社会适应能力，为其健康成长提供帮助。有报告称，日本 2006 年取得了在 332 个地方、实施 454 回的实绩。"❶ 此外，还有发现少年不良行为的最直接有效的方式，就是少年警察进行的"街头辅导"和"少年商谈"，且"少年商谈"所覆盖的对象不仅包括不良行为少年，还可以接受遭遇不良行为少年父母或其他监护人的咨询，并提供有效的教养帮助。我国台湾地区"少年事件处理法"中规定了对少年事件多层次处遇措施：从最轻微的非收容性质处分的训诫、假日生活辅导、保护管束，到具有收容性质的安置辅导、感化教育，另有为"帮助染有烟毒或吸用麻醉、迷幻物品成瘾或有酗酒习惯之少年，除选择一种适合其个别处遇需要之保护处分，以为处遇或保护外，并交付适当之处所，实施禁戒之处分，以协助其戒绝不良瘾癖"。❷

3. 参与主体的多元化

通常对少年越轨行为的处遇不同于少年犯罪法处遇措施裁定主体单

---

❶ 大谷实. 刑事政策学 [M]. 黎宏，译. 北京：中国人民大学出版社，2009：366.

❷ 刘作辑. 少年事件处理法 [M]. 9 版. 台北：三民书局，2012：203.

一，即少年法官，也不同于单纯的少年监或非监禁的社区处遇执行主体。少年越轨行为的处遇主体呈现更加多样、多层的特征。以日本对"不良行为"的发现及教育为例，《日本少年警察活动规则》明确了少年警察可以通过日常的治安、巡逻等工作发现不良少年并予以指导；此外，还有来自民间的少年警察志愿者，"这些来自民间的志愿者，多由都道府县、市町村和学校的人员构成，其志愿者名称有'少年辅导员''少年指导员''少年警察协助员'等角色，协助少年警察完成'街头辅导''商谈活动''被害少年支援''广告启发活动'等，对不良少年的早期发现和教育发挥了相当重要的作用，可见其为了少年的健康成长，可谓全面动员、人人有责的社会风尚业已形成。"❶ 正如美国犯罪学学者路易斯·谢利研究发现的，日本少年犯罪问题之所以得到了很好的控制，就在于其传统文化保有的家庭成员间的亲密关系和社会总动员的犯罪控制理念。

第三节　少年越轨法中体现的刑事新派理论

一、早期干预与刑事新派理论

人类成长的自然规律，证明任何一个人生阶段都要经历一定的过渡时期才能完成向另一个阶段的蜕变，这个过程中往往是不知不觉中发生的，但具有相当的时间跨度，不是瞬间完成的动作。直观来讲，人生不是一条直线而应是有规则的曲线。"人之初，性本善，从善变成恶，中间必有一段孕育与养成之过程。如结交损友、参加帮会、逃学游荡、好勇斗殴、抽烟赌博，进而窃盗抢劫、杀人放火，细心观察，皆有其轨迹可寻。若能在此项孕育过程之中，及早发现，予以管教，当可预防其往后发生犯罪行

---

❶ 吴海航. 日本少年事件相关制度研究：兼与中国之比较 [M]. 北京：中国政法大学出版社，2011：293.

为，以收曲突徙薪之效。"❶ 现代心理学研究表明，任何一个不经意的动作和行为习惯都有它潜在的心理表达，也有其过往生活的痕迹。少年越轨早期干预的理论根据便是社会决定论。

（一）社会决定论证明少年越轨早期干预的必要性

孩子所生活的环境不是由孩子选择的，但是作为成年人尤其是父母都有一个共同的美好愿望，即尽可能地为孩子提供一个好的成长环境。生活经验告诉我们，这个环境不是单纯的物质环境，而是充满爱和关怀的家庭生活环境。"由于人们离开了传统的大家庭，遭受到城市生活的苦难，农业社会特有的紧密结合的家庭结构和以亲属关系为基础的交往方式都在城市贫民窟中消失了。小家庭取代了传统的大家庭的中心地位。婚姻的纽带松弛了，结婚的主要目的是个人的结合而不是家族的联盟。"❷ 因此，现代社会小家庭的生活模式，导致养育子女几乎就是父母的事情，与其他的亲属关系淡薄。而传统社会中，对于子女的养育几乎是一个家族的事业，不仅成长过程中有亲属的关注和监督，而且在遭遇生活困境时，也易于得到长辈们的帮助。当家族内部的大范围的修正功能消失后，对于少年成长的监督或帮助就成为社会义不容辞的责任。因此，对于少年越轨行为的早期干预才上升为一项法律事业。

（二）社会决定论证明少年越轨早期干预的可能性

传统农业生产模式下，子女教育问题是一个家庭或称一个家族内部的事情，是不需要社会参与或国家干涉的。对于有早期越轨行为表现的少年，父母或邻里的监督和教育足以抑制或纠正，避免严重犯罪行为的发生。"德尔卡海姆根据 19 世纪欧洲的观察资料作出的亲密的家庭关系纽带可以防止犯罪的论断，对现在正在经历类似的城市化进程的发展中国家也是适用的。奉行共同的社会准则，维护社会传统，有牢固的家庭关系，都

---

❶ 车炜坚. 社会转型与少年犯罪 [M]. 香港：巨流图书公司，1986：49.

❷ 路易斯·谢利. 犯罪与现代化：工业化与城市化对犯罪的影响 [M]. 何秉松，译. 北京：群众出版社，1986：74.

有助于减轻由农村向城市的损伤性的转变所带来的某些犯罪方面的后果。"❶ 但是，旧的家庭和邻里模式的打破，小家庭对于子女教育这样一个工业时代的新生产单位（经济单位）而言，还不足以适应新型的教养模式。于是，可能更多的教养功能被推给学校，而学校的教育理念唯升学论，也导致少年德育内容的严重缺失，综合作用下，可能引发少年偏差行为或越轨行为的监督不力，从而引发严重犯罪。犯罪学的长期实证研究认为，少年犯罪与少年越轨行为的成因与少年成长的环境是具有某种内在联系的，且有迹可循。因此，对于少年越轨行为的干预应当从改善少年生存环境入手，而少年的生存环境不外乎家庭、学校和社会。针对这些环境的改造，从各地的立法中可窥一斑。如日本文部省制作的《家庭教育手册》中的"志忘育儿"篇，就有针对父母如何教养幼儿的详细内容。研究幼儿教育的日本学者庄司雅子指出："幼儿教育是科学、是哲学，不是一般的常识。"❷ 父母的育儿能力对于幼儿的健康成长是一项至关重要的条件，有些幼儿时期的生活经历可能会影响孩子健康人格的养成，甚至影响其一生的成就。笔者在办理过的未成年人犯罪案件中，听到犯罪少年父母最多的感受就是"我的孩子很好，都是别人的孩子给他带坏了。"那到底谁是始作俑者呢？唯一答案应该就是父母。不负责的父母往往也不会教育出能对自己的行为、对父母、对社会负责任的孩子。因此，犯罪的少年背后多半都有着相类似的父母。

二、人身危险性的特殊性

（一）人身危险性决定越轨少年低龄化

少年越轨行为干预，是基于对少年犯罪进行早期预防的思想，是特别

---

❶　路易斯·谢利. 犯罪与现代化：工业化与城市化对犯罪的影响 [M]. 何秉松，译. 北京：群众出版社，1986：74-75.
❷　吴海航. 日本少年事件处理相关制度研究：兼与中国的制度比较 [M]. 北京：中国政法大学出版社，2011：48.

预防思想的实现。人身危险性中蕴含着危险性格,其形成是一种伴随着偶然性与必然性的漫长过程。对于危险性格的成因又是有迹可循的,因此,第一,对于尚未形成危险性格的,可以避免成因出现,进而防止危险性格的养成;第二,对于已经表现出一定早期征兆的危险性格,进行早期干预可以达到事半功倍的效果。从正反两方来看,分析人身危险性的形成因素可以帮助法官认定具有什么样的危险性格属于已然达到少年越轨的标准,又可以帮助少年法官在对越轨少年的教育和矫正中采取可以消除其危险性格的有效处遇措施。对于已然之罪,对人身危险性的考察可以帮助我们针对他的人身危险性采取有效的治愈手段,而不是简单的监禁,将其与社会进行隔离。只隔离而不治疗的刑罚手段,虽然有暂时的防卫社会的效果,却不能够防患于未然,如某些限制刑事责任能力人(间歇性精神病患者),在我国目前的刑罚体系下只有一种减轻刑事责任的特殊待遇,对于其行刑阶段并无任何特殊防范措施。现刑事诉讼制度中,有强制医疗制度,但是对于已决犯的强制医疗的相关程序并没有完善,强制医疗的前提就是建立在对犯罪人的精神疾病进行准确诊断,并能够对症下药的基础之上的。

(二) 人身危险性决定少年越轨行为干预内容

基于少年越轨与少年犯罪的特殊关系,通常具有越轨行为的少年有更高的比例走向少年犯罪,但也存在有早期越轨行为表现,却终其一生没有犯罪,甚至成长为杰出科学家和学者,如现代行为主义心理学的创始人华生。如何证明我们的早期干预的正当性,或者说没有受到干预也健康回归正常生活的少年又能说明什么问题?越轨行为往往是青春期的某种特殊现象,早期越轨干预能够防止相当一部分少年越轨行为转变为少年犯罪行为。根据犯罪学标签理论,对少年不良行为的早期标签行为可能会从内在干扰少年对自身的定位,进而可能会继续影响他将来的发展。那么,对早期越轨行为的广泛干预是否具有正当性就成为批评少年法院宽泛管辖权的一个重要阵地,而对越轨干预的效益问题,即我们在多大程度上减少了未来可能发生的少年犯罪行为往往是无从论证的。

儿童期向少年期或青春期的过渡,中间往往会有一定的模糊地带,或者因为教育不当，或者因为自我定位不清，导致了各种不良后果的发生。少年越轨行为的内容划定上虽然千差万别，但是其背后所反映的却是相同的人身危险性，即少年越轨行为表象在于对违反社会生活规则、法律、触犯刑罚的越轨行为，但其所反映的都是对少年人身危险性的关注，即关注点在于行为人的主观面。

三、少年越轨处遇的特别预防

（一）少年越轨行为原因的差异决定了个别化的处遇措施

正如有一千个黑格尔的研究者，就有一千个黑格尔哲学一样。对于少年越轨者原因的认定，可能一千个人会给出一千个理由。我们无法准确判断到底是生活中的某一个或某几个因素决定了少年越轨行为的发生，我们只能心怀忐忑地尽量去发掘真实的越轨成因。越轨行为的发生仅是一种外在的症状表现，表面相同但病因可能不同。因此，对少年越轨行为的认定关键不在于少年责任，而在于对少年越轨原因的认定。本着对症下药的要求，不同成因的越轨行为也要求不同的法官处方。越轨行为认定的前置程序就是社会调查。无论是多么高明的法官没有专业的调查员对越轨少年经过一定期限的观察和了解后提出客观、真实的观察报告，我们都无法相信他仅凭严谨的逻辑和对法律的经典诠释就能够给出越轨少年最恰当的处遇。这一点，从各国的立法情况可知一二，即保护观察或鉴别是少年越轨行为处遇的必经前置程序。

（二）越轨行为处遇手段多样性是刑罚个别化的内涵所在

越轨处遇的多样性，在于对教育刑目的的追求。少年越轨干预需要多方社会主体的参与，合理运用各种资源是其中的重要手段。"如果精神上和道德上的进化有可能改变少年的天性，那么考察一定时期的制度也必须适用于少年犯，尽管他们犯有蛮横残酷行为或强奸罪行。这种可能性的存在不应当取决于对未达到法定年龄所确立的牢固和僵硬的法则，而应当取决于对个人情况的具体判断。"❶ 尽管加罗法洛提出对于少年犯的处遇措施中，包括禁闭于精神病院、放逐到农业殖民地、荒岛等现在看来不人道的方式，但我们可以从中看他主张的对少年犯处遇不应仅取决于其所犯罪行，而是应进行观察后再给予个别化刑罚处遇。少年的可塑性要求不应当单纯地以年龄为划分依据给予期限固定的刑罚，而是根据个体差异给予个别化的处遇。所谓个别化的处遇不仅在于监禁与非监禁、监禁期长与短，而在于使各种社会资源得到整合，采用更加社会化而不是严肃的程式化的惩罚。因此，个别化意味着从轻微的训诫、监护人管束、假日辅导等带有收容性质的保护管束等多层级的处遇措施。

---

❶ 加罗法洛. 犯罪学 [M]. 耿伟，王新，译. 北京：中国大百科全书出版社，2004：343.

第四章　刑事新派理论与
少年越轨法的拓展：少年保护法

第一节　少年越轨与少年保护

一、少年保护概述

我国社会正面临着留守儿童，流浪儿童，乞讨儿童，被拐卖、拐骗儿童，遗弃儿童等儿童失依失养的问题。鲜活案例件件昭然，南京虐童案中被虐儿童监护问题成为案件办理的一大难题；毕节五名流浪儿童窒息于垃圾箱内，哭诉留守儿童和流浪儿童的苦难生活；沦为某些无良人员挣钱工具的残障儿童，生活朝不保夕；网络人肉的方式抗击拐卖、拐骗儿童的民间尝试，初衷虽好却面临现实法律困境。以上个案反映出少年保护的需求与社会投入力量的失衡。而少年保护投入的不足与少年越轨、少年犯罪行为的高昂成本，已然证明少年保护不能仅仅依靠个人力量、民间组织，更需要少年保护观念的转变、国家公权力的介入和社会责任的承担。

（一）少年保护的概念

少年保护，既是少年法学中一个重要的基础性概念，也是少年法学的一项基本理念，其内涵取决于少年受保护的需求。少年法学的根本宗旨即在于预防少年违法犯罪，保护少年健康成长。可以说，少年法学中的少年保护问题往往与少年违法犯罪（或少年越轨）的预防问题之间有着直接或间接的关联。犯罪学实证研究暴露于危险环境下的流浪儿童、孤儿、留守儿童等特殊群体更易于出现早期越轨行为或犯罪行为。根据犯罪学的社会学习理论，儿童期的行为模式更易受来自社会、朋辈等行为模式的影响。家庭监护的缺失和社会环境的复杂性，使孩子的成长面临着各种艰辛和挑战，如监护人的虐待、不良照管可能会使得孩子面临生存困境和更加长远的发展影响；社会不良信息的负面传播可能扭曲孩子纯净的心理，甚至使孩子误入歧途。因此，家庭成长环境的保障和社会生活环境的提供应是少年保护的着眼点，而家庭生活中监护的有效实现则是少年保护的第一道防线。

1. 监护需求

从各国对监护制度的设计看，父母等血亲监护是一种当然选择，且父母具有委托他人代为行使监护职责的权利，即便是因意外情况，未成年人的部分近亲属亦有监护权，如若前述监护人均不具备监护能力或条件，还有国家指定的机构作为监护人，并可以在行使监护权期间为未成年人寻找新的监护人。但现实中，监护缺失、监护不当甚至虐待等不当监护行为时有发生，未成年人受监护需求得不到保障。例如，因父母外出务工，将未成年子女即留守儿童委托给叔伯等近亲属监护，但因受委托人缺乏监护能力，形成事实上的监护缺失。相关调查显示，留守儿童中 79.7% 是由爷爷、奶奶或外公、外婆抚养，13% 的孩子被托付给亲戚或朋友，7.3% 为不确定或无人监护。年事已高、文化素质较低的祖辈监护人基本没有能力辅导和监督孩子学习，孩子的安全问题更是大问题。公安部门统计数据显示，被拐卖的儿童群体中，第一位是流动儿童，第二位是留守儿童。工业社会的发展和进步付出的成本已不再仅仅是父母远离子女在城市里打工所体会的一身疲惫，还有孩子们永远无法修复的残缺童年。大部分留守儿童，在缺少关爱、温暖的环境中生活，缺少安全感、孤独、自卑，甚至成为流浪儿童、成为性侵犯的对象或者追随父母的脚印外出流浪、甚至付出生命的代价❶。又如，因父母离异或家庭不睦，双方均对未成年子女不予照管，形成了事实上的监护缺失。《婚姻法》第 36 条第 2 款规定："离婚后，子女无论由父或母直接抚养，仍是父母双方的子女。离婚后，父母对于子女仍有抚养和教育的权利和义务。"但很多父母基于种种考虑视子女为包袱，双方均拒绝履行抚养义务。即便是法院将子女判归一方抚养，子女实际上仍无人抚养并最终被推给不具备监护能力的祖父母或外祖父母。随着孙子女日渐长大，年迈的祖父母基本上无力管束，亦造成事实上的监护缺失。

即便是有监护人共同生活的孩子也可能遭遇不良照管或称不当监护。发展心理学认为儿童具有较强的模仿能力，儿童也正是通过模仿学习获得成长。那么，当儿童对其生活环境中的吸烟、赌博、醉酒甚至吸毒等行为习以为常的时候，他最先学会的可能就是这些行为并养成近似的行为习惯。尽管我国《未成年人保护法》第 11 条规定了父母或其他监护人对未成年人的教养应当多方位、全角度的及于未成年人的成长需求，包括其生理、心理健康和行为习惯的养成，并且监护人应当有良好的行为习惯，杜绝未成年人养成吸烟、酗酒、赌博及吸毒等不良习惯。❷ 但没有强制力伴随的立法规范加上无人监督的监护状态，使得正在遭受不良照管的儿童利益无从保障。

更有甚者，监护人会因监护压力采取极端手段剥夺子女的生命。有的女性在没有做好为人母准备的情况下意外怀孕，为了避免自己的生活受到舆论和经济双重压力的影响，而选择杀婴或弃婴。笔者在 2013 年曾办理过两起未婚妈妈产下婴儿后，实施杀婴行为的严重刑事案件。二人均表示不

---

❶　2012 年 11 月 16 日发生在贵州毕节市五名儿童（最大的 13 岁，最小的 7 岁，他们的父亲是兄弟）因取火致死的惨剧，父母均外出务工，将五名儿童委托给大伯父监护，而大伯父经济条件很差，并且还有 7 个孙子需要照管，十几个孩子根本照顾不暇，因孩子的父母一般两三个月才寄二三百元回家，孩子们只能吃稀饭和盐巴度日。最终，五名孩子选择流浪，并在寒冷的冬日在城市的垃圾箱里生火取暖时因一氧化碳中毒，生命结束在流浪的路上。

❷　我国《未成年人保护法》第 11 条规定："父母或者其他监护人应当关注未成年人的生理、心理状况和行为习惯，以健康的思想、良好的品行和适当的方法教育和影响未成年人，引导未成年人进行有益身心健康的活动，预防和制止未成年人吸烟、酗酒、流浪、沉迷网络以及赌博、吸毒等行为。"

堪经济重负且不愿遭受未婚生育的社会舆论压力,杀婴是其不得已的选择。案例中,刚刚成年的少女妈妈无知和残忍的行为固然有其个体的选择,但也同样反映出社会文化中道德评价标准的残酷——甚至可以让人无视生命,而更深层次地挖掘不难发现,儿童保护观念的缺失导致在法制层面的设计不足才是悲剧上演的重要原因,即孩子的生存和保障不仅在于父母,还在于国家和社会。面对屡屡见诸报端的杀婴事件,相应的应急性措施成为首选,如部分地区建立的"安全岛",即对于可能遭受遗弃的婴儿或残障儿童,监护人只要将其放置在"安全岛",那么,对于被遗弃儿童而言,就意味着将得到国家的救助,而对于监护人而言则意味着免遭刑事追责。其初衷在于保护儿童生命安全,但是面对大量的弃婴,"安全岛"的管理困难苦不堪言。❶ 进而导致"安全岛"仅仅成为新闻热情减退后的孤岛。

2. 信息安全需求

信息作为文化的重要载体,是个人社会化的必要手段,也是人与人之间互动的承载工具。信息传播的双向性即公共信息对个体的影响和个体信息在公共领域的传播,需要双向的安全保障。由此,便形成了个体对公共信息的过滤和公共领域对个人隐私信息的尊重问题。

(1) 公共信息安全。

尤其是当下公共信息的广泛覆盖,更可能会给未成年人带来重要影响。事实证明,在现实生活中,未成年人子女与父母的共处时间可能还不如与电视、网络等相伴的时间长。因此,公共信息作为未成年人学习、成长的重要载体,应当保证其安全性。网络时代的到来为信息传播提供了新的平台,各种信息或资讯成为人们紧跟时代脚步的重要因素。然而,网络文化建设滞后、网络道德缺失导致大量不良信息充斥网络,网络成为不良信息侵害未成年人身心健康的新媒介,其中尤以色情网站存在危害最大。"根据调查统计,全世界的色情网站每天增加约 300 个。我国台湾地区的

---

❶ 2014 年 3 月 16 日,广州某福利院"婴儿安全岛"不得不暂停试点,主要原因是被弃置安全岛的婴儿自 2014 年 1 月 28 日至 3 月 16 日达到 262 名。(徐峰. 广州暂停"弃婴岛"的启示与省思 [N]. 广州日报,2014-03-17)

色情网站至少有近 1600 个，近来观察国内色情网站，竟有 92% 曾经出现幼童或未成年人男女为主体的图文，有 88% 的色情网站对未成年上网者根本不设防。这些色情网站或资讯，除了没有任何警告讯息之外，亦缺乏有效的规范来管制。"❶ 再次，对于日常生活中伴随儿童成长的影视节目内容，同样应有健康保障，应避免暴力、色情等不良信息的传播。

（2）个人信息安全。

言论自由在网络平台的基础上以前所未有的效率充分发挥着公众参与社会管理的功效。媒体采集信息时并不是无所止境的。言论自由暴露的个人隐私可能会给当事人带来巨大的心理压力和生活负担（如饱受争议的网络人肉行为）。尤其需要加以保护的便是少年罪犯身份等不利信息，即为了保障少年的健康成长，言论自由在少年不利信息面前应当有所限制。笔者认为，这些构成对言论自由抗制的少年特别隐私权可以涵盖如下两方面的不利身份信息：其一，少年犯罪、违法的身份信息。一方面，对于少年犯罪身份信息的公开报道，诸多国家（如中国、德国、日本、美国、英国等）均有法律的明文禁止规定。如我国《未成年人保护法》第 58 条规定了限制新闻报道等公众媒体公开披露涉案未成年人的身份信息资料等内容。❷ 我国《预防未成年人犯罪法》亦有与此几乎同样的明文规定。另一方面，对于少年违法身份信息的公开报道，一些国家或地区亦有法律的明文禁止，其理类同于少年犯罪身份信息的公开报道禁止。如我国台湾地区"少年事件处理法"第 83 条规定："任何人不得于媒体、信息或以其他公示方式揭示有关少年保护事件或少年刑事案件之记事或照片，使阅者由该项资料足以知悉其人为该保护事件受调查、审理之少年或该刑事案件之被告。"❸ 该规定将"保护事件受调查、审理之少年"和"刑事案件之被告少年"的身份信息皆同等地纳入了禁止公开报道之列。其二，少年被害的

---

❶ 杨士隆，蔡德辉. 少年犯罪：理论与实务［M］. 台北：五南图书出版公司，2011：349.

❷ 我国《未成年人保护法》第 58 条规定："对未成年人犯罪案件，新闻报道、影视节目、公开出版物、网络等不得披露该未成年人的姓名、住所、照片、图像以及可能推断出该未成年人的资料。"

❸ 陈慈幸，蔡孟凌. 少年事件处理法：学理与实务［M］. 台北：元照出版公司，2010：275.

身份信息。此处的被害不仅包含作为刑事案件的被害，还包括其他法律关系中的被伤害，如父母离异、直近亲属中的犯罪记录、被学校开除或劝退等易于遭到生活环境"不利标签化"的信息。一方面，少年作为刑事案件被害人的身份信息，如猥亵儿童、强奸（奸淫幼女）、嫖宿幼女等罪行的犯罪对象均为少年，甚至有些是不满14周岁的幼童。这些特殊的经历必然会对少年被害人造成心理上的创伤，并可能会伴其终生。此类少年的具体身份信息决然应当予以特殊保护。另一方面，少年作为其他法律关系被害方的身份信息。在实践中，这方面的身份信息主要涉及民事法律关系中的被害（尤其是婚姻家庭范围）。无可争辩的事实是，其家庭结构的完整与否及家庭成员的社会评价优劣常常会影响到一个少年的安全感和荣誉感。在中国，离婚对子女所造成的伤害几乎是每起离婚事件中双方必然会考虑的"行为成本"，子女往往是最无辜的"被害人"，而基于血缘关系或情感因素，如果是自己的亲人违反刑律，被社会所排斥时，少年的身心将承受不同程度的心理负担。因此，应当免除少年向作为其成长时期关键环境提供者诸如学校、社区等报告此类信息的义务，或者说应当禁止学校或社区对少年此类信息的登记或传播，并避免学校或社区因少年不同的家庭背景对其进行有选择性的环境提供❶。

孩子既是我们希望倾尽全力去保护的对象，又可能是在我们的疏忽中被伤害的对象。这些问题既有对残酷现实的拷问，也有对法律建构的强烈呼吁。无论是从法律规范的完善着手，还是从社会改造着手，我们必须有所行动。而不是在一个个触目惊心的新闻事实面前，惊呼过后进行苍白无力的谴责。

（二）少年保护的基本特性

由于父母与子女之间的天然情感纽带，父母对于子女的照顾和保护往往是最无私的，甚至可以说是出于人性的本能。因此，父母本会是子女的

---

❶ 包括社区里的邻居、学校的老师和同学等基于与少年的日常生活的接触，客观上向少年提供的环境，包括相关人员对少年日常的态度、交往的方式等形成的软环境。

最佳监护人，会以子女的最佳利益为行动准绳。但现实中，往往会出现父母等监护人异常监护行为，如虐待子女、忽视、伤害孩子的监护行为。虽前述情况相对于大多数家庭而言仍属于少数，但对处于受伤害生活状态的儿童而言，这种伤害所造成的影响可能会伴其一生。

1. 补充性

社会属性作为一个人区别于动物的根本属性，不是天生获得的，而是后天习得的，而爱是人类社会化过程中必不可少的要素。从人的自然生育制度来看，父母与子女的家庭结构是子女抚养模式的最佳选择。因此，父母的监护是首选，其他监护当以父母的监护不能实现为前提。美国法学家杰·福博格（Jay Folberg）认为，"国家亲权"原则，令政府只在父母未能达成协议或未能充分照料子女时才有责任照管儿童的福利。加之，现代法治国家理念对国家权力的滥用而侵扰个人生活领域的担忧，也要求国家公权力不能随意侵入家庭生活领域恣意而为。故少年保护的公权力介入应当具有补充性、第二位性，以不侵犯父母等监护人的监护权为必要，即应遵守"当少年之亲权人、监护人或其他保护少年之人，得给予少年适当之保护时，原则上国家不得介入。仅当少年缺少亲权人、监护人或其他保护少年之人保护时，国家才例外介入干预进而保护"❶的准则。但是，部分国家早期对儿童保护矫枉过正不仅没有维护儿童利益，反而侵犯了儿童和家长的权益。例如，"澳大利亚 1910 年至 1970 年，有数万名土著儿童被强制带离父母身边，由收容机构或者白人家庭抚养，致使土著家庭骨肉分离，忽视了尊重土著人以及土著儿童适合的成长环境，造成了土著儿童和其文化的分离。"❷ 文化认同或说对不同文化的尊重，是判断何种环境有利于儿童成长的前提，而不应以判断主体的价值判断为依据任意否定父母提供的监护环境。历史和生活经验均证明，对于受监护人而言，最好的生活环境乃是其熟悉的家庭生活环境。而家庭生活环境往往也是国家监护所不能立即提供的，即便是通过收养等方式获得新的家庭环境，可能仍然面临着新

---

❶ 黄惠婷，沈世鸿. 保护思潮下的少年事件保密原则［J］. 台北"刑事法杂志"，2012，56（1）：125.

❷ 韩晶晶. 澳大利亚儿童保护制度研究［M］. 北京：法律出版社，2012：5.

的生存风险。因此，国家对监护人的监护行为必须是在原亲权监护等监护人不能提供适当监护行为时才能予以干涉，即亲权监护是第一位的，是原生的，国家监护是第二位的，是补足性的。澳大利亚维多利亚州于2005年颁布的《儿童福利和安全法案》便明确了儿童保护的基本原则为"父母对儿童的福利和安全具有第一位的责任，在家庭不能满足儿童的需要时，政府有责任对家庭给予干预并提供帮助，政府的干预措施和服务应当在必要的限度内，以充分尊重儿童和家长的权利为前提。"❶ 该原则亦证明了国家监护的补充性。

2. 保护性

如果说对于少年犯罪和少年越轨行为的国家干预，是一种消极的或被动的公权力的动用，那么，少年保护行为的国家公权力动用就具有相应的主动性和积极性。少年保护措施的采取是为了防止少年越轨和少年犯罪行为的发生，是基于特殊境遇的少年群体的保护，防止其因特殊的生活环境或生活经历而演变为越轨少年或犯罪少年。因为少年犯罪与少年越轨行为在某种程度上都会引起社会公众的不安和国家治理社会情况的担忧和质疑，不可否认，法律对少年犯罪和越轨行为的干预具有一定社会防卫的效果。因此，少年犯罪和少年越轨行为的国家干预具有两个方面的特征：第一，少年犯罪和少年越轨的行为具有外向性，侵扰性，是国家发动公权力介入的基础事实；第二，对于少年犯罪和少年越轨行为的干预还要以不侵害少年正当权益为限来限制国家公权力发动的恣意性。少年保护行为的对象则是处于弱势地位，可能遭受某种损害的特定少年。少年保护不仅仅具有典型的慈幼心理，更体现在对少年保护对象的零负面评价，即不以受保护少年的行为过错为保护措施启动的前提，而是加强明显处于强势地位的一方对自身行为的约束和限制。故，保护主体具有公力性、责任性和社会性的特征。例如，相对于混乱的网络文化、主导性强的影视信息等，分辨能力尚不成熟的少年处于信息被动接受的弱势地位，面对广泛的信息传播系统，少年被害身份信息或其违法、犯罪的不利身份

---

❶ 韩晶晶. 澳大利亚儿童保护制度研究［M］. 北京：法律出版社，2012：34.

信息，少年所处的弱势地位。

二、少年越轨与少年保护的关系

（一）少年越轨与少年保护的概念辨析

由于少年越轨法设置的目标在于保护少年，避免少年的特殊成长时期发生不可挽回的严重越轨或犯罪行为，因此，我国台湾地区学者林纪东认为少年越轨法亦可称为少年保护法。但笔者认为，少年保护与少年越轨的概念不能被混用，二者应有明晰的界限。

1. 少年保护与少年越轨内涵不同

少年越轨，也称少年非行，是指少年实施了触犯刑法、违法或有犯罪之虞的行为。国家公权力可以对少年越轨行为进行早期干预并伴有强制性手段，帮助少年改正越轨行为习惯，帮助其健康成长。由于少年法学研究领域的粗浅，对于少年越轨概念的理解变动不居，学科研究还没有深入细化，往往导致某些临近概念之间的差异性被忽略。林纪东认为少年越轨行为具有早期干预防止少年犯罪发生的目标，故对少年越轨行为的干预就是对少年的保护，因此，其将少年越轨法称为少年保护法。以此类推，少年犯罪法以"教育为主、惩罚为辅"的宗旨，同样是以保护少年的长远利益为目的。那么，少年犯罪法也可以称为少年保护法。从各国少年司法实践来看，对于越轨少年的处遇，都会采取具有一定拘禁性的强制措施。一般的越轨处遇措施，也都具有一定的惩罚性质。少年司法中对越轨的评价与生活常识中一般人所理解的"保护"内涵是相悖的。

少年保护内涵取决于少年被保护的需求，也就是说少年被保护的需求决定了少年保护的内容。最常见的少年保护就是少年被监护的需求，即监护的实现。从最宽泛的角度来理解，无论是家庭、学校、社会还是国家，作为有责任为少年成长提供环境的主体，都应当承担少年保护的责任。因此，少年保护是一种正向的、积极的责任和义务。从文义上看，"保护"应是对于弱小的、无辜的人施以的帮助和爱护，并无否定意涵，其不同于越轨的否定性评价意涵，少年保护更多地强调是少年以外家庭、社会、国家等的责任，是一个比少年越轨离少年犯罪更远的一个概念。如若大而化之地使用保护的概念，模糊处理少年越轨处遇与少年保护行为的界限，可能导致实践中针对越轨少年和需要保护的少年采取的措施出现混同。例如，早期的济贫院虽有为孤儿、流浪儿童等需要保护和帮助的少年遮风挡雨的初衷，却与犯罪少年共同生活，濡染不良习惯，反到使济贫院成为制造更多少年犯罪人的大染缸。

2. 少年保护与少年越轨性质不同

本书中使用的少年保护的概念，是具有去犯罪化、去非行化的一种前置性的民事、行政保护，是一种只有保护没有强制的国家义务。理论研究中，对于少年越轨与少年保护性质之别鲜有关注。关于少年越轨与少年保护概念的混淆在有的少年法研究著作中已经有所显现。如将需要少年保护法调整的对象列入少年越轨法的调整内容，"由于从小失去双亲而在养护中心接受养育，但是对养护中心的生活不能适应而逃走的儿童；由于受父母的虐待而逃离家庭、流浪在外的儿童等，都是急需保护的虞犯事例。"❶该论者将应属于少年需保护的情况，列入了少年越轨法的调整范围，与日本少年法规定的虞犯内涵是相冲突的。日本少年法规定虞犯为具有以下特征的行为，即具有不服从监护人正当监督的癖性、无正当理由而对家庭缺乏亲近感、与具有犯罪性或不道德的人交际，或出入不健康场所、具有损害自己或他人德行的行为癖性。虽然作者关注到了失去家庭教养、逃家、流浪的儿童可能是少年越轨的原因之一，或称潜在条件之一，但显然该文没有明确理解虞犯的内涵及其相应的法律手段的强制隔离可能。任意地扩大虞犯范围的直接后果就是对于需要帮助的失教失养、逃家或流浪儿童纳入虞犯的调整范畴，将国家的"扶助、帮助义务"转化为国家的"矫正性权力"。然则，从少年越轨的本性而言，违反刑法或违法或有犯罪之虞的少年，具有一定的社会公众评价的谴责性意味在里面，而少年保护法则单

❶ 吴海航. 日本少年事件相关制度研究：兼与中国的制度比较 [M]. 北京：中国政法大学出版社，2011：175.

纯地指少年之需要社会保护和帮助的一面，并无少年可遣责性的旨趣。

尽管司法实践表明，少年犯罪和越轨生长于贫穷家庭的占比较大，但不能因此就将所有的贫穷家庭少年列入重点考察对象。对于偶然发生的逃学、离家出走应先查明是否遭受监护人的不当监护等情况，而不能一概而论纳入少年越轨行列。申言之，对于需要扶助的失依失养儿童，国家应先考虑的是补足性的保护义务是否已经履行，而不是动用公权力进行训诫或强制隔离等越轨处遇措施。

（二）少年越轨与少年保护的关系：少年保护不足易导致少年越轨或少年犯罪

联合国《2005 年世界青年报告》第 80 条规定："贫穷、药物滥用和家庭成员死亡等，是导致未成年人犯罪的危险因素。""国外研究表明，可能造成未成年人早期偏差的危险因素主要来自个人方面与家庭方面。其中前者包括分娩并发症（birth complications）、多动症（hyperactivity）与感觉需求（sensation seeking）、喜怒无常（temperamental difficulties），而后者包括父母的反社会行为、犯罪或药物滥用行为与抚养不利（poor child-rearing practices）。"[1] 其中，来自家庭抚养和帮助的不足，成为导致未成年人犯罪或早期偏差行为的显性因素，早已成为少年犯罪和越轨行为原因调查结论中的共识。

1. 家庭保护不足

无论是生活经验还是犯罪学研究，均证明了家庭结构的不完整可能引发很多问题，比如成长过程中缺少基本的经济保障可能引发生存基本问题，三餐无着可能导致性格冷漠、残忍以及对违法、犯罪行为感知能力的退化（或低于一般公众认知水平，因为犯罪或违法可能是他们生存的必备技能）。重组家庭中，子女与继父母之间的关系紧张，或继父母对继子女的简单、粗暴、忽视甚至是虐待，可能引发问题少年的性格扭曲、心理异

---

[1]　WASSERMAN G, KEENAN K, TREMBLAY R, et al. Risk and Protective Factors of Child Delinquency [M]. Washington: Office of Juvenile Justice and Delinquency Prevention, U. S. Department of Justice, 2003: 2.

常或心理障碍等严重心理健康问题。

研究表明"教养孩子最为重要的维度为父母对孩子的监督或监管、训导与父母强化、感情交流中的冷暖，以及对孩子活动的参与。父母监管，是指父母对孩子行为监督的力度，警觉或警惕的程度。在所有的这些教养孩子的方式中，缺乏父母监管通常是最强的与最经常重现的犯罪的预测因素。……在波士顿进行的著名的剑桥——萨默维尔研究显示，儿童时期缺乏父母监管，是45岁之前实施暴力与财产犯罪的最好的预测因素（麦科德，1979）。"❶ 父母监管是否到位、家庭生活是否健康、家庭保护是否充足，往往成为预测少年违法犯罪行为的早期指标。有学者对这一论断进行了反向的证明，即发生违法犯罪行为少年的成长经历和家庭环境具有高度的相似性，其中，最突出的便是情感满足的匮乏。美国犯罪学家希利于1915年对于1000名平均年龄15至16岁的少年累犯进行研究并试图发现少年犯的原因。"在他的研究中，发现少年犯罪的原因，遗传并不是最主要的。希利与他太太布洛妮于1926年共同合作，对于4000名少年犯做10年的长期追踪研究，内容包括少年犯的身体与心理状况。他们检验少年犯的生活史与家庭关系，发现少年犯的身体状况并无特异之处，可是少年犯大多有不良的朋友与同学，而且少年犯大多缺乏父母亲的监督与管教。……希利夫妇在该研究中指出，这些少年犯的92%有严重的情绪困扰；他们不被父母亲了解与喜爱，无法与父母亲沟通。"❷ 尽管，我国民政部在2000年就已经明确提出要使家庭寄养成为儿童福利事业社会化的一条重要途径，并于2003年公布了《家庭寄养管理暂行办法》该法规被2014年12月1日实施的《家庭寄养管理办法》废止，推广家庭寄养模式，但是，对于家长这份特殊职业所应具备的专业知识的培训和累积还重视不够。尤其是对于年轻的父母而言，自身还没有学会如何去管理情绪，就更不用说如何做一个有责任心、能够积极引导、培育孩子健康人格的家长了。

---

❶ 麦克·马圭尔，保罗·罗克，克莱夫·R. 罗林，等. 牛津犯罪学指南 [M]. 4 版. 刘仁文，李瑞生，王栋，等，译. 北京：中国人民公安大学出版社，2012：473-474.
❷ 林山田，林东茂. 犯罪学 [M]. 台北：三民书局，1990：55.

2. 学校保护不足

一般而言，校园对于未成年人而言是除了家庭以外的主要生活环境提供方。因此，校园文化或说校园生活的感受和收获将影响一个孩子的世界观、价值观和人生观的形成。现实是，校园并不总是孩子的成长乐园。对于世界各地均有发生的校园暴行，大到校园枪击事件，小到同学之间的辱骂、殴打等行为均是校园生活的共同现象。但是在我国的传统文化中，对于孩子之间的打闹、欺负或一定暴力的行为往往不当一回事不够重视，认为那只是孩子之间的事情。这种不重视导致施暴的孩子行为被放纵，被施暴的孩子的心理受到影响，甚至出现不愿上学、胆怯等反应，更有甚者选择自杀。网络上，时常会有小学、初中学生殴打、虐待同龄人的暴力视频流传。然而，媒体曝光和公众谴责，并不能够彻底地遏制这种不正常现象，暴力行为反而可能因为新闻曝光成为某些不良少年实施校园暴行引人关注的选择。这就形成了一种恶性循环，媒体关注非但没有使校园暴行得到有效遏制，反而使得拍摄施暴视频成为校园暴行流行的记录方式，助长学生之间的暴力行为。对于被施暴的孩子而言，他所遭受或面临的社会压力，如被怜悯的、弱者的标签，可能会愈发放大。对于施暴的孩子而言，逞凶斗狠具有了直观的比较，暴力手段逐渐升级。校园中的小霸王逐渐成为越轨、犯罪少年的主力军，心理和身体遭受创伤的孩子成为校园暴力的牺牲品。曾经的被害经历可能成为孩子们一生无法摆脱的心理阴影。

3. 社会保护不足

作为少年成长的必需品，社会环境的供给情况必然影响少年身体和心理成长的健康状况。从宏观层面来讲，社会公众的价值观和世界观对少年价值观和世界观的养成存在重要影响。这是一个由各个经历社会变革国家的发展现实检验过的理论观点，亦是由犯罪次文化理论所支持的一个结论。在社会变革的重要时期，物质财富的迅速增长往往会使人养成急功近利、物质至上的生存理念。对人的一切评价均可能与物质财富的占有量发生直接联系，即社会对人的评价往往取决于对社会财富的占有量，而对于部分出生贫困家庭、移民家庭等经济水平较低的少年而言，想要获取较高的社会地位和公众认可，往往缺少畅通的上升途径。这使贫困家庭子女易于产生犯罪倾向，其往往通过暴力手段引起注意或获取公众关注、认可。商品丰富的消费环境可能会对青少年产生较大的诱惑，他们往往因抗拒诱惑能力不足，会与同伴进行攀比，进而实施侵犯财产类犯罪。从微观层面而言，大众传媒影响已经大有取代父母教育观念之势，代替传统的家庭教养模式中父母行为对孩子的耳濡目染。大众传媒的形式，已经由传统的电视、广播、电影等发展为铺天盖地的互联网模式。近年来发展迅猛的网络资讯，充斥着大量的不良价值观、色情、暴力文化宣扬的内容。新闻报道也以求新奇、求刺激、求挑战感观的方式博取公众关注度，而不考虑新闻报道所应当担负的正面宣传价值。对于网络文化的净化和对于网络接入的双向控制是保护少年远离不良网络文化污染的有效路径。有效防止网络文化的不良影响已然成为各国少年保护所要关注的重点。例如，2016 年 2 月 18 日英国政府在讨论如何杜绝青少年访问色情网站内容的时，指出目前大约 1/5 未满 18 周岁的青少年在使用互联网时会访问成人网站。❶

第二节　少年保护法

慈幼之心是人类的本性，是不受语言、地域限制的普适价值。Facebook 的创始人扎克伯格将市值 4000 万美元的 Facebook 股份捐出做慈善，只是希望能为女儿换一个更好的未来世界，许下一个父亲的宏伟愿望。如果每个富有的父母都以如此的方式来"炫富"，我们不会有谴责只会有认可，这是用财富在承担社会责任。但一个人的力量甚至是一个企业的力量毕竟是有限的，对于改造整个世界是多么的杯水车薪。但行之有效的立法却不同，它可以将物质财富转换为对孩子们实实在在的保护。在工业社会迅速发展、物质财富极大丰富的今天，物质基础不再成为"偏爱"少年的现实障碍时，少年保护理念转化成全方位的法律规范体系才是急需解决的问题。

---

❶ 英国政府将杜绝青少年访问互联网色情内容［EB/OL］.［2016-02-18］. http://mini.east-day.com/a/160218114002122.html?qid=2345shouye.

一、少年保护法简介

少年保护法经历了从家庭责任到社会责任、从私立救济到公力救济、从私法到公法的发展过程。从家长的私有财产到国家的孩子的转变，带来了家庭保护责任到国家保护责任的转变。儿童对于成年人的依赖是毋庸置疑的。从起源于罗马法的监护制度确立起，监护人就肩负着对被监护人的人身和财产权利的保护职责和义务。尽管罗马法旧制中的监护制度有着明显的人身买卖约定等违反现代人权理念的内容，但是，其仍然不失为当时足以保障未成年人子女的人身安全和财产安全的有效制度设计。时至今日，子女的养育与管教始终仍是父母不可推卸的责任。盖因"家庭为社会之雏形与基础，乃少年生长之温床，精神物质皆仰赖于此，于少年之影响之巨，故家庭生活乃人类情操与品格之渊源。按诸少年法制旨在谋求社会安全与福利而言，少年犯罪肇因于家庭不健全之情形，不容忽视。"❶ 更有通过立法明确父母责任，以达到管教少年确保家庭监护功能实现的立法实践，如美国密歇根州于 1953 年 5 月，为强制父母之责任而通过的《父母责任法》（Parent Responsibility Act）。按道理来说，父母如若有坚实的物质基础、良好的教养和品性、健全的人格，常态而言，则不会无视其抚养子女的义务和责任，更无需国家立法强烈要求父母尽抚养义务。舐犊之情，是人类的天性。然而，人类历史进入工业社会以来，少年犯罪、越轨行为突显为严重的社会问题，究其根本就在于工业化的生产模式中，以快求效益、用时间换金钱的成功理念导致了家庭的解组、亲情关系的淡漠以及父母与子女之间情感纽带的断裂。一切都进入了分工合作的年代，甚至于包括对子女的养育，对父母的照顾。儿女承欢膝下的乐趣已经成了双职家庭可望而不可求的生活梦想，父母、祖父母与儿童的情感疏远，加上网络信息技术的发达，电视媒介的无障碍接入，都导致成人世界与儿童世界的混同，代际之间得以传承的生活理念、家庭生产技术的传承日渐消逝。加之

---

❶ 朱胜群. 少年事件处理法新论［M］. 台北：三民书局，1976：13-14.

网络信息的负面影响，少年对网络信息的过滤和选择能力尚未形成，易于被动接受不良信息，促成不当行为模式和思维理念。然而，父母对子女管控能力的削弱，尤其是对子女接触信息的控制能力不足，愈发需要公权力介入来净化社会环境，保障信息安全。现代儿童权利观念指引下，子女养育和管教的问题不再是家庭内部事务，而是成为一个可以跨越文化、地域、种族的国际性共识性话题。例如，《联合国儿童权利公约》《联合国少年司法最低限度标准规则》（以下简称《北京规则》）等国际性条约，就体现了对少年的特别保护理念，要求国内法明确国家对儿童的保护责任。儿童权利委员会在其《儿童权利公约》第 13 号一般性意见（2011 年）"儿童免遭一切形式暴力侵害的权利"的文件中，明确"信息和传媒部门也需要拟定准则，保护儿童不受有损儿童人格尊严信息的影响，包括凶杀、色情、低俗等信息，避免传媒对受侵害儿童的二次伤害。"

二、少年保护法基本理念：遮风挡雨

传统模式社会中，少年社会化的过程通常在家庭中完成。然而，现代社会结构的调整、生产模式的转变，引发了少年成长模式的变化，原本由家庭、家族构建的安全培育和教养保障体系瓦解。当面临监护缺失和社会大环境浸染时，少年易于养成不良行为习惯，甚至出现行为偏差，进而演变成犯罪少年。因此，少年成长过程中所面临风险的防范是保障少年健康成长的必备条件，风险防范的前提是对风险的正确评估和预判。研究表明"影响一些少年走上犯罪道路的最为显著的因素之一，就是他们家庭中的其他成员存在犯罪行为。在早期的一系列研究中，谢尔登·格卢克和埃莉诺·格卢克指出，从马萨诸塞州少年教养院释放出的 84.8% 的犯罪人，以及研究样本中 86.7% 的少年犯罪人、80.7% 的女性少年犯罪人，是在有其他犯罪成员的家庭中长大的。在随后的研究中，格卢克夫妇发现，在 500

名非犯罪少年中，54.0%的人家中有犯罪人、酒鬼或者道德败坏者。"❶ 该研究表明，对成长于有犯罪成员的家庭环境中的儿童而言，其对犯罪行为的排斥程度更低或说其对犯罪行为模式的接受度更高。当然，这只是少年健康成长可能面临潜在风险的因素之一，又如贫困、流浪儿童、留守儿童、身体和心理存有障碍儿童，同样可能会面临更高的成长风险。当这些孩子面临家庭监护缺失、不当监护、虐待等监护危险时，监护就不再是单纯的家庭义务，更是社会责任，是国家的义务。从监护制度的发展历程中，也可以看出监护责任的演变轨迹，即由家庭监护、家族监护到国家监护的责任主体变迁。监护作为一项起源于罗马法的制度，其私权属性明确，一直被纳入调整平等民事主体关系的民法予以调整。但随着监护制度的发展与演变，监护中的公权力介入使其公法属性日益凸显。当失去家庭的避风港时，孩子成长过程中可能面临的成长风险就应当有补足性的国家保障和社会性的责任承担。无论是监护权的私法公法化还是对社会生活环境的净化，都是少年保护法为避免孩子遭受不利影响，为面临成长风险的孩子遮风挡雨的保护理念的法律实践。

三、少年保护法的基本内容

（一）个体保护

监护的正当性，不仅局限于血亲监护，还有拟制血亲监护、国家监护等公权力监护的保障。监护制度来源于罗马法，然而监护制度已从私权逐渐在向公权转变。本书中的监护更多地站在国家监护的实现角度展开。

1. 监护保护

所有来自监护伤害的方式中，最严重的一种莫过于虐待儿童的行为。《日本防止虐待儿童法》第 2 条规定了虐待儿童行为："所谓虐待儿童，是指保护人（行使亲权的人、未成年人的监护人，或正在对儿童进行监护的

---

❶ 埃德温·萨瑟兰，唐纳德·克雷西，戴维·卢肯比尔. 犯罪学原理 [M]. 吴宗宪，译. 北京：中国人民公安大学出版社，2009：241.

人）对其监护的儿童（未满 18 岁的人）所实施的下列行为：致使儿童身体外伤，或施加令儿童足以产生恐怖的暴行；猥亵儿童的行为，或是使儿童进行猥亵的行为；减少食量或长时间放置不顾，或保护人以外的其他同居人作为保护人具有上述行为，明显地疏于监护，足以妨碍儿童身心正常发育；与对儿童实施显著的暴言或明显地施以拒绝的行为相对应，在与儿童同居的家庭内，对配偶者（包括事实婚姻在内）的身体施加不法攻击，危及到身体与生命，以及实施对身心有害的语言与行为；其他对儿童心理有明显伤害的语言与行为。"❶ 虐待是监护权被撤销的重要原因之一。少年最佳利益原则应是少年监护人变更、撤销的最高原则。无论福利国家还是福利社会能提供给少年怎样全面的机构监护，始终应当明确的是回归家庭环境才是最有利于少年健康成长的选择。因此，无论是政府机构的监护还是社会组织的监护都具有临时性；而被监护人无法返回到原家庭生活的情况下，收养则是对被监护人采取的永久性的安置，能够实现对被监护人的长久监护的措施。在监护制度的设计上，就应当以少年最佳利益为原则，在公权力介入撤销原监护人的监护资格的时候，应当有一个前置程序即"临时监护"，给原监护人一定的修正、改错期，如果仍不适合担任监护人，则应当制定出具体的收养计划对被监护人有一个永久的监管，再由儿童福利机构申请对原监护人监护资格的撤销。如澳大利亚规定，在法院作出长期安置儿童决定之前，社区服务主任应提出具体的儿童收养（安置）计划❷，此种做法便值得借鉴。"在孩子最具依赖性与可塑性的阶段，家庭与孩子之间具有排他性的联系，并且在此后的多年间，家庭与孩子的联系都是很密切的。因此，在决定孩子所遵循的行为模式方面，家庭起着重要的作用。没有一个孩子在出生时就注定要成为一名少年犯罪人或不会

---

❶ 吴海航. 日本少年事件相关制度研究：兼与中国的制度比较 [M]. 北京：中国政法大学出版社，2011：37.

❷ 《澳大利亚儿童和青少年（照管和保护）法》第 78 条："社区服务部主任向儿童法院申请做出将某个儿童或青少年从其父母的照管中带走的命令（紧急保护令除外）时，必须在儿童法院做出最终命令前提交一份照管方案。"参见孙晓云. 当代未成年人法律译丛（澳大利亚卷）[M]. 北京：中国检察出版社，2006：35.

成为少年犯罪人，在这一点上，家庭是影响孩子发展方向的最初机构。"❶
事实证明不良监护、虐待、监护不当、监护缺失、无力监护（未婚妈妈）、
留守儿童等儿童保护不足已经成为社会工业化过程中的必经之痛，如何弥
补工业化给孩子带来的伤害才是努力创造财富所能带来的最大价值。当孩
子不再是父母的私有财产而是国家的孩子成为一般公众意识的情况下，保
护孩子免受伤害便是全社会的责任，关于此点在各国的少年保护立法中已
有明确规定。例如，澳大利亚维多利亚州于 1993 年通过的《儿童、青少
年以及家庭法案》中规定的强制报告义务，该法律规定，警察、教师、医
生、护士，发现儿童可能遭受虐待或者已经受到了虐待时，都必须向警察
或者儿童福利部门报告。❷ 多数国家和地区都制定了安置被带离原生家庭
的儿童具体方案，如家庭安置、社区照顾机构内安置、政府安全场所安
置、集中照料机构、独立生活的安置方式、长久安置、收养等。

2. 隐私保护

对于亟待明确的少年特别隐私权而言，对其信息隐私的内容界定至关
重要。该部分内容不仅应当包括少年的违法、犯罪等负面信息，还应当包
括一旦将该信息向外披露可能不利于少年健康成长的相关信息，如本人被
害信息、其直近亲属的犯罪信息、家庭成员吸毒或特殊病症信息。关于少
年特别隐私权的保护问题在国际性条约中已有明确，《北京规则》第 8 条、
第 21 条等就明确了少年特别隐私权的保护范围、保护手段及少年特别隐私
权对司法权、新闻自由、公众知情权的抗辩力等问题。❸ 一方面，"少年司
法"即少年案件的处理，其并不限于少年刑事案件，而还包括少年的民

---

❶　埃德温·萨瑟兰，唐纳德·克雷西，戴维·卢肯比尔. 犯罪学原理 ［M］. 吴宗宪，译.
北京：中国人民公安大学出版社，2009：239.

❷　韩晶晶. 澳大利亚儿童保护制度研究 ［M］. 北京：法律出版社，2012：38.

❸　《北京规则》规定："保护隐私：8.1 在所有阶段，少年隐私权应得到尊重，以避免不当
宣传或标签化而对其造成的伤害。8.2 原则上，不得公开可能导致某少年违法犯罪者的身份被识别
的信息。"紧接着第 21 条之"说明"注解道："本条规则试图达成与档案或案卷相关的几方冲
突利益之间的平衡，即着眼于加强社会控制的警方、检方和其他权力机构的利益与少年违法犯罪
者的利益。（并参看第 8 条）'其他经正式授权的人员'中的'其他人员'一般包括研究人员。"
从上述《北京规则》第 8 条的规定来看，其少年特别隐私权的涵盖范围及于（少年司法的）"所
有阶段"。

121

事、行政和其他非犯罪的越轨案件；另一方面，从该条规定的文义来看，其中的"少年"并不限于少年违法犯罪者，而应当可以涵盖少年被害者、少年证人以及其他涉案少年。可见，《北京规则》关于少年特别隐私权的保护是及于少年司法领域全局的。事实证明，对于该国际条约的国内法转化具有重要现实意义。我国《未成年人保护法》《预防未成年人犯罪法》《刑事诉讼法》等均有与该规则内容向对接的少年特别隐私权保护的相关内容。

（二）环境保护

1. 家庭环境

现代小家庭的生活模式下，单个家庭抵御社会风险的能力明显减弱，而对于遭受生活风险创伤的家庭，如父母一方或双方重病、服刑、丧失劳动能力等情况，往往孩子的利益成为首先被牺牲的部分，如孩子基本的教育保障缺失，甚至是被迫参加劳动承担养家重担。例如，有人对上海市卢湾区服刑家庭子女进行了调查，发现父母服刑给子女带来的消极影响不仅局限于物质生活层面，更会对子女的心理形成重压，在社会舆论压力较大的情况下，可能会引起孩子社会交往活动减少，更有甚者会形成社交恐惧症等严重心理障碍。家庭机能受损，其提供的成长环境往往会使孩子缺少关爱和安全感，而根据教育心理学的研究发现，儿童期的安全感缺失往往会导致人格发展的不健全和幸福感的缺乏。

美国学者路易斯·谢利研究发现亲密的家庭结构以及全体公民的共同参与对于有效地防止犯罪有着重要的作用。这就解释了为什么"虽然日本和瑞士都已经历过城市化和工业化，但是它们却避免了其他发达国家当前感到极为头痛的许多犯罪问题"[1]。日本学者大谷实教授认为，"对于少年的成长发育来说，家庭是基本环境。家庭的社会化机能，即通过家庭教育向孩子灌输社会价值和规范，使其适应社会生活的技能，在孩子的人格形

---

[1] 路易斯·谢利. 犯罪与现代化：工业化与城市化对犯罪的影响 [M]. 何秉松，译. 北京：群众出版社，1986：91.

成及社会适应性的培养过程中起着极为重要的作用。"❶ "家庭对于少年犯罪的影响在于，缺乏对孩子的基本保护和教育。家庭自身的缺损、贫困、犯罪等并不重要，但由于其使家庭的上述基本机能削弱，从而成为犯罪的重要原因。"❷ 这也就解释了为什么不是所有的单亲家庭的孩子都会成为少年犯，不是所有的家庭结构完整的孩子都不会变成少年犯的现象。因此，为孩子提供的家庭环境应当是事实上的健康家庭而不仅仅是形式上的结构完整。进而，合格的父母不仅仅是与孩子共同生活的家长，而应当具有相应的养育子女的能力和智识。

2. 学校环境

学校教育当以培养健全人格为理念。时下热议的中国留学生因在美国虐打同学的行为获刑6～13年的案件，引发了校园暴力文化认知在不同文化背景的评价反差。又有网络上流传的未成年人殴打同学的视频，往往仅仅是作为一定的新闻事件被报道，却看不到个人责任的承担和不当行为的后续纠正。校园暴力折射出校方管理和治安管理分权的模糊地带。而"小孩子之间不当真"的推诿理由又成为学校、社会对未成年人校园暴力行为的变相肯认。深层次而言，这也反映出我们的传统文化对儿童心理需求的忽视。未成年人的暴力行为无论是施暴者还是受害者都需要进行相应的心理疏导和治疗。校园附近之文化设施应当净化。学生尚未长成，易受诱惑濡染不良习惯，这往往被不法商贩利用，将不良场所开设于校园附近，谋取利益。学校不能被赋予太多的功利性动机，教书是为了育人，育人应当是指培育有健全人格之人。学校生活是少年步入社会，由青春期过渡到成人期的重要一环，是孩子学会社会交往的试验场。学校教育中，专业文理内容的学习不能受用一生，但是学习过程中所培养的优良品质则会成为影响孩子一生的要素，如学习中的坚持、勤奋和旺盛的求知欲、强烈的好奇心等。

---

❶ 大谷实. 刑事政策学 ［M］. 黎宏，译. 北京：中国人民大学出版社，2009：76.
❷ 大谷实. 刑事政策学 ［M］. 黎宏，译. 北京：中国人民大学出版社，2009：77.

3. 社会环境

（1）青少年生活习惯养成与网络、电影文化有关。文化对青少年的影响途径是多种多样的，不仅有家庭生活中家庭成员之间文化观念的影响，更有来自学校、伙伴等生活环境的影响，更有开放式的大众传媒文化的影响。"当少年人的父母走出家庭工作时，他们与家庭成员的亲密关系也减弱了，少年人离开双亲在通常没有人情关系的学校环境里过日子。由于青少年和父母在一起的时间减少了，他们受到同龄人以及受到报刊宣传工具的影响就更加强烈。人的价值不再由家庭所灌输的社会准则来决定，少年人所接受的是电视和广播散布的社会上的主要成功之路的影响。"[1] 而大众传媒文化以其具有广泛性、生动性的传播手段，更加轻而易举地影响着青少年的世界观、人生观和价值观的形成。全媒体的广泛覆盖，网络接入的低龄化，都意味着网络文化对青少年的行为模式及生活理念将会产生更加深远的影响。而网络文化的良莠不齐和形形色色的网络犯罪及非主流价值观的传播，都可能会引发青少年犯罪或偏差行为的产生。因此，网络影视剧、游戏等新媒体文化的构建对于青少年的保护意义重大。在此领域，限制不良文化的传播就是一种保护。

（2）青少年易受不良暴力影视文化濡染。犯罪类题材的影视节目不仅能起到宣传主流价值观的作用，可能也会对一些人尤其是未成年人产生负面的影响。例如，"在没有直接遭受犯罪人和少年犯罪人侵害的人们中，营造和维持一种漠视普通犯罪和少年犯罪的态度。电视与社会行为科学咨询委员会并没有直接考虑这一问题，但是可以推断，因为电视节目给人们一种印象，即犯罪是司空见惯的，因此广大观众对盗窃和入室盗窃等普通犯罪变得漠不关心和仅仅关注最为耸人听闻的暴力犯罪。一些研究者认为，当人们频繁地观看暴力节目时，就会发生一种心理钝化或者脱敏化。"[2] "在平常电视节目中持续地观看暴力行为会使人更愿意使用暴力、

---

[1] 路易斯·谢利. 犯罪与现代化：工业化与城市化对犯罪的影响 [M]. 何秉松，译. 北京：群众出版社，1986：99.

[2] 埃德温·萨瑟兰，唐纳德·克雷西，戴维·卢肯比尔. 犯罪学原理 [M]. 吴宗宪，译. 北京：中国人民公安大学出版社，2009：285.

推荐暴力作为解决冲突的办法，并认为暴力是有效的。"❶ 因此，无论是否确证暴力影视作品与少年暴行或说少年暴力犯罪之间的精确关系，但仍不能否认对于少年暴行的预防可以从控制少年对暴力影视作品的接触几率着手。早在 20 世纪二三十年代，电视、电影行业不如今天发达，有关国际会议上已经因电影内容可能对少年行为偏差产生重大影响，要求限制电影涉及内容，建立严格的影视检查制度。"1925 年的伦敦会议及 1935 年的柏林会议，对于少年犯问题亦讨论周详，伦敦会议之主要议决有二，其中之一为对于刺激少年犯罪或不道德行为之电影之预防。各国设立以保护少年为目的之有力检查所，以特别之方法，检查电影。检查时，不仅注意其妨害风俗与否，其余对少年德性有恶劣影响之事项，亦在检查之列，且应放映于少年有益之电影。国家对此类有益少年及一般大众之电影，宜予以补助。盖因监狱不良之电影，时易诱致犯罪，于智虑未熟之少年，尤易发生恶劣影响，故有如上之议决。"❷

（3）限制有害青少年健康成长的文化接触。《日本少年警察活动规则》第 11 条规定少年警察有责任与各都、道、府、县知事进行联系，排除有害环境对少年的不力影响。该规则规定："对于少年能够看到并容易引起性好奇心的写真、录像带以及其他销售物品，以及给少年的身心造成其他有害影响的环境，经确认后，警察本部长以及警察署长应当与该都、道、府、县的知事及其他有关行政部门进行联系，消除有害环境的影响；民间各地从事宣传、启蒙等公益活动以及酒类销售行业的从业人员，应主动确认和判断顾客的年龄并注意消除有害环境对少年的不利影响，少年警察应对少年署内容提出必要的要求。"❸ 在互联网时代少年面临网络安全问题，日本在 2008 年至 2011 年期间，以"青少年英特网环境整治等相关研讨会"为主题会议共召开 11 次。会议参会人员涉及各个领域的专家、教育

---

❶　埃德温·萨瑟兰，唐纳德·克雷西，戴维·卢肯比尔. 犯罪学原理 [M]. 吴宗宪，译. 北京：中国人民公安大学出版社，2009：286.

❷　林纪东. 少年法概述 [M]. 台北：台北编译馆，1972：23.

❸　吴海航. 日本少年事件相关制度研究：兼与中国的制度比较 [M]. 北京：中国政法大学出版社，2011：157.

者、政府官员、电子情报技术产业协会专务理事、网络协会理事长等，会议内容主要涉及网络、手机给青少年带来的负面影响。文部科学省的科长向会议公布一项调查显示，"小学六年级学生约有三成持有手机，中学三年级约有六成持有手机。"❶ 手机持有情况在中小学生较为普遍，且手机的使用情况调查显示，手机的持有已经改变了中小学生的作息和生活规律，而在智能手机高度普及的情况下，网络接入年龄呈低龄化，3 岁以上的儿童就可以玩平板电脑浏览网页。对于网络接入的便利，中小学生遭遇网络侵害的可能性大大提高，如泄露个人隐私、观看色情视频、浏览色情网站、网络约斗殴等情况都成为威胁少年健康成长的重要隐患。因此，21 世纪少年保护重点在于网络安全保障。

第三节　少年保护法中体现的刑事新派理论

一、少年保护与社会决定论

如果说缺少监护或是说缺少适当监护的孩子犹如沧海中的一叶小舟，那么，风雨飘摇之中的孩子需要成人社会、理性国家的及时保护。儿童的地位由父母的私有财产属性到儿童是"国家共同财富"的理念转变，使儿童的健康成长不再仅仅是小家庭的责任，更是国家和社会的共同责任。现实的偶然选择，比如父母离异或因地震等地质灾害失去双亲等原因，都可能会使部分儿童无法得到应有的关爱和照顾。甚或有的儿童父母双全，但由于父母缺乏监护能力或不认真履行监护职责造成儿童受到不当监护。在儿童社会化这一渐变的过程中，少年健全人格的养成不可能是一条的直线，而可能是一条波浪形的曲线。如何在受不良因素影响的情况下，让其性格的养成实现理性的回归取决于对其成长环境的塑造。现代社会生活，

---

❶ 吴海航. 日本少年事件相关制度研究：兼与中国的制度比较 [M]. 北京：中国政法大学出版社，2011：284.

即便父母可以提供安全的家庭成长环境，但仍无力控制少年接触的社会环境。在现代的教养模式或成长经历中，子女与父母的共处时间，可能不及其与同伴、电视、网络的共处时间。父母对子女的影响力在逐渐减弱。对于大环境的提供者而言，能力与责任应当是成正比的，即为少年健康成长提供大环境的社会与国家，应当承担社会环境的净化职责，为少年的健康成长提供良好的环境。由此，对于父母监护职责的落实就在于国家对其监护能力的保障，如开展能够培养和提高父母教养能力的训练课程、对亲子关系紧张的家庭提供必要的心理辅导和公共支援等。对于父母监护能力的监督和保障，以及在父母等监护不能实现的情况下，对于监护的补足都是国家义不容辞的责任。

"无论功利主义或报应主义承认或不承认社会强制力编导者的国家角色，古典主义与功利主义都是建立在这样的事实假定之上——至少在国家努力真诚地进一步促进社会公正情况时，国家有权进行社会统治，并期待社会大众服从。"❶ 家庭生产模式不再能自给自足的情况下，任何生活需求的满足都需要建立在社会分工合作的基础上。国家作为此种生产模式得以良性运转的最大组织体，不仅被寄予善良行使社会管理权力的愿望，更应负有保护社会未来希望——孩子健康成长的责任。意大利犯罪学家菲利将犯罪的周期性变化主要归结于社会因素的作用。其指社会性因素包括"像被遗弃婴儿的保护、父母参加非家务性质的商业和工业生活、预防和镇压措施等这样一些社会因素"❷。尽管对于社会环境作为犯罪的成因方面，新派理论中有个人因素决定论和社会环境决定论之别，但是对于社会环境对犯罪产生重要影响的看法是一致的。例如，菲利提出犯罪原因是行为人的身体状况与社会环境相互作用的结果，进而认为对社会中犯罪现象应从两个方面入手，采取双重措施预防犯罪的发生。其中，改善社会环境会比单纯地采取刑罚抑制犯罪更有成效，但是菲利仍然认为犯罪人的生物学因素

---

❶ 威廉姆·威尔逊. 刑法理论的核心问题 [M]. 谢望原，罗灿，王波，译. 北京：中国人民大学出版社，2015：62.

❷ 恩里科·菲利. 犯罪社会学 [M]. 郭建安，译. 北京：中国人民公安大学出版社，2004：150-151.

起到主要的作用，因此，其相信有不能治愈的犯罪人，对于该部分人可以采取永久性消除的手段防止再犯的发生。尽管菲利将个人因素与社会环境因素进行了彻底的隔离，但是提出的对于社会环境的改善是一种积极正向的预防犯罪的有效手段确有相当的进步意义。与其利用"刑罚"对犯罪进行事后罚来减少再犯罪现象的发生，即"刑期无刑"，不如提前改善社会环境进行早期预防。

二、少年保护与犯罪原因调查

从司法实践来看，发生越轨行为和犯罪行为的少年有着比较接近的成长经历。他们当中大多来自不稳定的家庭、缺少关爱的成长环境，都有着自身就经历着失败生活或有赌博、吸毒等严重不良嗜好的父母。稳定的生活保障、危困之时的及时救助都是避免少年走上越轨、犯罪道路的有效路径，也是国家与社会共同的责任。

（一）犯罪原因论为少年保护必要性提供依据

洛克认为孩子就像一块白板，画笔不在孩子的手里，而在成人社会。成人的涂抹能力将决定孩子们的未来，也决定着孩子们将生活在什么样的未来。社会的整体环境和文化选择将影响并塑造孩子的未来，成人社会的不良文化也会损害孩子的健康成长。犯罪学研究表明"暴力节目似乎对学龄前儿童、因缺少正常社会化影响以致发展受损的孩子以及已经形成攻击行为模式的孩子影响最大。反过来讲，攻击性儿童更有可能喜欢暴力节目和花大量时间观看电视。"❶ 也就是说犯罪题材的影视节目提供的暴力文化会对人暴力行为倾向产生影响，但是其影响程度因人而异。具体的情况还与行为人原有的行为模式和行为习惯具有相当大的关联性。换言之，大众传媒对青少年行为模式的影响不是单独发挥作用，而是与其他的基础性制

---

❶ 埃德温·萨瑟兰，唐纳德·克雷西，戴维·卢肯比尔. 犯罪学原理［M］. 吴宗宪，译. 北京：中国人民公安大学出版社，2009：287.

度、生活环境、已经形成的个体行为模式等因素综合发挥作用。由此可知，单纯地控制青少年在影视作品中的暴露情况不一定能够直接降低犯罪，但可以减少引起犯罪的诱因。日本刑法学者大谷实也对大众传媒与犯罪的关系进行了分析，他认为："尽管没有实证材料表明大众传媒体对犯罪的影响程度，但也并没有一种学说否定大众传媒体在进行犯罪暗示、刺激犯罪欲望时，不会成为某种形式的犯罪原因。"❶ 成人社会选择社会文化的时候，应当考虑到孩子的需要，并尽可能地为其提供健康的成长环境。

（二）犯罪原因论为少年保护主要内容提供依据

李斯特将犯罪原因分为两类，一是犯罪人自身的因素，一是社会环境因素，且社会环境因素为首要因素。菲利以杀人和偶然杀人等具体罪行为为例说明社会环境对犯罪行为发生的影响。他认为相较之杀人的个人因素起决定作用，偶然杀人在很大程度上是受社会环境的影响，其中赌博、酗酒、公共舆论等都属于社会环境的因素。而在 19 世纪的欧洲，人们的居住条件远不如现代社会所畅想的田园生活般充满诗意，大多数家庭的居住环境十分恶劣，按照现代人的标准而言，当时的家庭住宅不通空气或阳光，父母子女像牲畜一般男女混居。虽然，这种生活环境能够为大多数公众（除少数贵族有较好的居住条件）所接受，但仍然为有些猥亵奸污和乱伦等罪行的发生提供了便利条件。"这样的社会环境使人的正常羞耻感淡漠、甚至于完全消失。此外，还有一些主要由于行为人的生物学状况（在明显的性疾病或不太明显的生物学异常的状态下）而引起强奸犯罪的例子。其次，就盗窃来说，偶发性简单盗窃主要是社会和经济状况的影响所造成的，但在暴力盗窃、特别是以抢劫为目的的凶杀（通常为那些绅士打扮的扒手蓄意所犯）这样一些案件中，这一影响与行为人的生理和心理构成的影响相比要小得多。"❷ 在每一个有几个孩子的家庭中，我们发现，尽管环

---

❶ 大谷实. 刑事政策学 [M]. 黎宏，译. 北京：中国人民大学出版社，2009：73.
❷ 恩里科·菲利. 犯罪社会 [M]. 郭建安，译. 北京：中国人民公安大学出版社，2004：147.

境同样有利，培养和教育的方式也得当，孩子们的智力从婴儿时期就不同。我们还发现，在才能的程度和种类方面，这些孩子的生理和心理构成也从婴儿时起就不相同。为每个儿童提供平等的受教育机会，安全的食品保障，稳定的校园生活。从小环境入手，对家庭环境的改善，可以让父母接受亲职教育，为父母提供稳定的育儿支持；从大环境着眼，减少少年与不良信息的接触，如净化网络环境，影视分级，加大针对青少年儿童犯罪的打击力度。

第五章　刑事新派理论与
少年保护法的升华：少年福利法

第一节　少年保护与少年福利

一、少年福利概述

有尊严地活着是人性的基本需求，儿童亦不例外。社会的稳定和发展以对人类自身生存条件的基本满足为前提。最初，福利仅是工业化创造出无产者的同时，给予无产者的一张"保险券"。但时至今日，现代福利制度的构建以不再单纯以满足人类基本生存需求为己任，而是以使人获得更好的生活为价值追求。少年是人类社会未来的基本元素，是人类文明得以传承的根本。因此，少年的生存和发展需要即少年福利是现代福利制度中的重要组成部分，且应独具特色。

（一）少年福利的概念

"根据《布莱克法律词典》，'welfare'有两层含义：其一，系指任何情形下的福祉（well-being）、繁荣（prosperity）；其二，系指向那些需要财政接济的人提供诸如食品券（food stamp）及家庭补贴（family allowance）等协助社会保险体系（system of social insurance）。在第一种含义之下，一般福利（general welfare）系指公众之健康、和睦（peace）、品德及安全；公共福利（public welfare）系指社会在健康、安全、秩序、道德、经济及政治等领域之福祉。"❹ 福利本身就可以作较为宽泛的理解，事实证明，福利也可以是一个因时间、空间变化给具有不同内涵的法律概念。因此《联合国儿童权利宣言》中确定的福利概念也是相当的宽泛，以适用各国儿童福利建设的需要，即"凡促进儿童身心健康发展，以正常生活为目的的各种努力事业，均称之儿童福利"。也有人从福利的提供方式、供给对象进行分类，提出儿童福利可有广义和狭义之分，但就其根本儿童福利是一种福利服务而不是单纯地经济供给。广义的儿童福利服务具有普遍性、积极性、发展性、预防性及全面性的特征。狭义的儿童福利服务以特殊需求儿童之特定需求为主，以残补或最低限度取向为原则，具有消极性、保护性、补救性及问题解决性以保障弱势儿童之权益。对于儿童福利的界定亦存在不同的理解。有人提出"所谓儿童福利乃是对儿童进行专门救助、教育与感化的社会福利，包括教育、医疗、就业、收养与寄养及反家庭暴力等内容，特别包括应对儿童遭遇虐待、遗弃与照管不良的社会福利"。此种界定儿童福利的方式导致儿童福利内容失于宽泛，没有明确地区分出儿童福利需求和受保护需求的不同。儿童福利应当是具有普遍性、全覆盖性的无差别地享有的一项基本权利，如接受基础教育、基本的医疗保障等；而对于儿童保护则应是指困境中的儿童，需要得到比其他人更多的帮助和关爱的境况，如受虐待、监护缺失、不当监护、未婚妈妈救助等。

我国台湾地区部分学者认为台湾地区的"儿童福利法"内容并不能完全涵盖"少年事件处理法"中的适用对象即已满12周岁未满18周岁的未成年人的全部福利问题。我国台湾地区"儿童福利法"的适用对象仅是12周岁以下即少年事件处理法适用对象以外的未成年人。12岁以上未满18岁的未成年人福利问题并不能为儿童福利法所涵盖。关于将未满12周岁的

---

❹ 张鸿巍. 儿童福利法论 [M]. 北京：中国民主制出版社，2012：5.

年幼人的福利问题与已满 12 周岁未满 18 周岁少年的福利问题统称为儿童福利问题，我国大陆地区也有学者提出质疑。但是，无论从国际条约规定的"儿童"概念的内涵，可以覆盖未满 18 周岁的人，还是从部分国家和地区的立法、司法体例中有关未满 18 周岁的人案件由专门法院独立管辖来看，"少年福利法"的适用对象应涵盖所有未满 18 周岁的人。如日本家事法院不仅管辖少年犯罪、越轨案件，还管辖涉及年幼之人即 12 岁以下的家庭离婚纠纷、财产继承纠纷等，而针对日本少年法的研究中亦无一例外地以家事法院管辖范围为少年法研究对象。这就说明少年法的概念中，所指涉的适用对象应能够统领未满 18 周岁以下的全部人。因此，遵从各国立法习惯或法律用语习惯，无论是适用儿童福利法还是少年福利法的概念均可涵盖包括从婴儿期到幼儿期到童年期乃至到青春期的全部年龄阶段的人。结合国际公约及我国立法实际，为行文一致，本书将涉及未满 18 岁的人的福利问题统称为"少年福利"，其内涵包括 12 岁以下儿童福利内容。

（二）少年福利的特性

现代社会福利制度几经变化早已没有了当初济贫院的痕迹，对儿童的尊重和保护是儿童福利制度得以确立的普适性价值。从补残型到普适型福利模式的转变几乎成为现代各国福利模式发展的总体趋势。因此，全面、平等地提供少年福利几乎是现代少年福利制度的共性。

1. 全面性

现代福利制度滥觞于英国济贫法，尽管它彰显了国家的仁爱之心，但是早期的济贫院与国家所标榜其成立时济世救贫的初衷是不相符的。"在很多济贫院里，老人和孩子、病人和健康人、神志清醒的和神志不清的、癫痫病患和精神病人、盲人和酒鬼、少年犯和刑事犯、男人和女人，形形色色的人都以一种偶然的方式被集合在一起，因此淫秽、饥饿、陋习和斗殴等在这里随处可见。有人视其为生活的坟墓或社会的地狱。"❶ 当时的流

---

❶　牛文光. 美国社会保障制度的发展［M］. 北京：中国劳动社会保障出版社，2004：49.

浪儿童、孤儿、少年犯只是被视为一种需要与社会进行隔离的安全隐患，并没有引起足够的重视。人类文明在磕磕绊绊中不断前进，其动因就在于人类对自身状况的反思。其真实状态就是智慧解决问题的同时也在制造新的问题，在这样一个周而复始的过程中，知识成了推动社会进步的直接动力源，而福利制度本身就是应对社会工业化和城市化进程中出现的问题所提出的解决对策。伴随社会进步，人类对自身认识的不断发展，新型童年观的逐步确立，现代福利制度明确将儿童作为特殊的群体予以保护，为孩子提供基本的福利保障是成人社会的职责和义务。从制度型社会福利的角度看，社会福利不是以家庭和市场满足不了个人需求为前提，而是工业化生产过程中，解决结构性问题所必须满足的社会制度供给需求。此种利益上的倾斜和保障，不以市场分配和个人能力为依据，是一种普遍性的全覆盖的社会保障制度。现代"福利"早已摆脱弱势、另类、不良少年等歧视性内涵，而是一种赋有人道的、权利的、平等的满足人类基本生存和发展需要的社会保障制度。先进的理念即人本主义思想与各国对现代福利制度的探索与实践在现实生活中互相影响、完善。时至今日，现代少年福利制度建立的必要性已经得到各国立法的普遍确认，且无论是从立法的价值取向还是儿童福利观念上都表现出高度的共性——全面覆盖、普遍惠及。

2. 平等性

现代社会工业化、城市化进程几乎成了各国共同的发展历史，这一过程中城市与农村、中心区域与边缘区域对社会公共资源的占有有着明显的差距。通常城市里以及城市里的中心区域集中了大量优良的教育、医疗、公共基础设施，而农村或边缘区域的教育、医疗、公共基础设施等配备不足。从南京虐童案的被告刑满出狱时，其养子及养子的生母迎接被告三人抱头痛哭的场景，有人看出了现实中是农村与城市的教育资源的差距让生母甘愿放弃与亲生儿子朝夕相处的幸福。这件虐心的虐童案已经引起全社会对儿童权利的全面关注。在这场看似传统教育理念与现代儿童权利观念的冲突下，我们看到还应有儿童福利保障的缺失即儿童生存状况完全取决于父母的生存状况。孩子仍然只是父母的孩子，对其养育还没有真正地成为国家的责任。现实是对于教育和医疗资源占有是否充分或是否能满足一个孩子健康成长的需求往往取决于各个家庭的经济水平，往往由于家庭经济能力的不足，导致孩子得不到充分的医疗和适当的教育。尤其是对于身体、心理方面较为特殊儿童的医疗权和受教育权实现更是面临风险。例如，一些家庭经济困难的残障儿童，可能因为经济条件不足错过最佳的治疗时机，终身伴有残疾；部分自闭症等需要特殊关爱的儿童，可能因得不到应有关注和医疗帮助，终身无法与外界交流。教育资源的分配不平等可能会危及未成年人健康人格的养成。因此，儿童福利的平等、普遍享有不仅是对于个体状况相似的儿童给予平等的福利保障，更是在满足孩子成长需要的基础上，对于有特殊需求的儿童给予特别福利保障，让孩子的成长拥有平等的尊严。

二、少年保护与少年福利的关系

（一）概念辨析

少年保护，是国家对于正在面临成长风险的少年给予的一种补充性保护。国家行为介入的前提是少年面临成长风险的现实状况。少年法学的基本宗旨即在于预防少年违法犯罪，保护少年健康成长。可以说，少年法学中的少年保护问题往往与少年违法犯罪（或少年越轨）的预防问题之间有着直接或间接的内在关联。我们的心理预设是如果一个孩子得到良好的照管，养成了健全的人格，是不会出现严重的偏差行为成为犯罪少年的。因此，少年保护行为既有必要性又有可能性，此处的可能性是指通过保护手段的采取避免少年出现严重不良行为。然而，国家权力的介入仍然是被动的，是以父母监护能力的缺失或监护行为的不当为前提的。在无正当理由的情况下，国家是无权剥夺监护人的监护权的。因此，少年保护始终是具有补偿性和第二性的，其责任主体为国家，是一种公权力介入私领域的法律设置，是以保护少年的健康成长为己任的，但应以不过多干预家庭生活的私领域为限。少年受保护需求亦成为日益突出的社会问题。父母等基于自然的血缘或情感纽带的联系，当然会以保护孩子的健康成长为己任，民谚讲：天下没有不是的父母，然而在一些父母虐打子女致伤、致死的案例面前，仅有对父母监护的信任是不够的。又如一些父母违法、犯罪或其本身有严重不良行为习惯，在其根本无力监护子女的情况下，如果国家的监护职责如果缺位，那么孩子将独自面临生存风险。

就少年福利的概念理解有广义与狭义之分，本书中少年福利取其广义概念。广义的儿童福利是指一切针对全体儿童的，促进儿童生理、心理及社会潜能最佳发挥的各种措施和服务，强调社会公平，具有普适性。从各国的少年福利立法趋势而言，狭义的少年福利内涵已经逐渐成为过去，广义的少年福利以更加全面、普适的方式保障少年的健康成长则是各国少年福利法制共同的价值追求。少年福利具有全面性、平等性，其不同于少年保护的补充性和个别性适用的特点。少年福利不以个别少年面临成长风险时，需要特殊保护的危险状态为条件，而是每个孩子生而获得的一项基本权利。每个少年都应是少年福利的权利主体，而特殊状态下的少年可能会是少年保护的对象。但我国台湾地区的一些社工类著述中也有将少年保护对象纳入少年福利保障范畴的，如将因受虐待、不良照管或监护缺失等情况下需要保护的儿童认定为儿童福利保障对象。此种划分方法并没有区分出需要保护的特殊儿童与需要获得普遍福利支持的儿童的区别，不利于少年福利的落实和少年保护工作的开展。

（二）少年福利是少年保护的基础性制度

无论是生活经验还是犯罪学实证研究，均证明了家庭提供教养能力的不足可能引发很多问题，比如成长过程中缺少基本的经济保障，可能引发生存基本问题；三餐无着可能导致性格冷漠、残忍，对违法、犯罪行为感知能力的退化（或低于一般公众认知水平，因为犯罪或违法可能是他们生存的必备技能）。又如，重组家庭中，子女与继父母之间的关系紧张，或继父母对继子女的粗暴、忽视甚至是虐待，可能引发问题少年的性格扭曲、心理异常或心理障碍等严重后果。日本学者大谷实教授认为，"家庭对于少年犯罪的影响在于，缺乏对孩子的基本保护和教育。家庭自身的缺损、贫困、犯罪等并不重要，但由于其使家庭的上述基本机能削弱，从而成为犯罪的重要原因。"❶ 这也就解释了为什么不是所有的单亲家庭的孩子都会成为少年犯，不是所有的家庭结构完整的孩子不会变成少年犯的原因之一。因此，少年健康成长需要的不是形式完整的家庭结构，而是从家庭成长环境中所感受和获取的实实在在的关爱。换言之，少年保护与少年福利的关系主要体现在以下方面：第一，少年保护是少年福利的补充性制度设计。少年福利的供给效果往往会决定少年需要保护的概率。质言之，少年福利覆盖面广泛且能够发挥实效，那么需要少年保护法提供个别保护的少年就少；反之，少年福利覆盖面狭窄且功能失效，则需要少年保护法提供个别保护的少年就多。第二，少年福利是少年保护措施的前置性基础。"少年福利法具有促进少年健康成长、预防少年违法犯罪的整体上的战略意义，那么，少年保护法就具有促进少年健康成长、预防少年违法犯罪的局部上的战术意义。"❷ 没有提供充分的少年福利的情况下，少年保护的效果必然不佳。无论是需保护儿童获得保护的概率上，还是获得保护的效果而言，有效的社会资源都无法保证真正发挥为每个有需要的孩子提供足够的保障，而孩子的成长环境最直接的提供者就家庭，因此，对于家庭生活基本状况的保障，减少分配不公，缩小贫富差距，也是少年福利措施应有内容。

少年福利能够广泛提供的成本远远低于事后对个别少年保护的成本。因此，一旦面临个别保护需求的少年个案，需求启动保护程序的有形成本就可能涉及社工调查、家庭安置、医疗介入甚至是启动司法程序，而无形的成本就是需保护少年已然遭受的身心创伤。因此，如果少年福利保障能够做到的就不应当留到第二道防线，让孩子面临成长风险。

---

❶ 大谷实. 刑事政策学 [M]. 黎宏, 译. 北京：中国人民大学出版社，2009：77.
❷ 高维俭，梅文娟. 论少年法的立法体系 [J]. 预防青少年犯罪研究，2013（5）：20-30.

第二节　少年福利法

一、少年福利法的发展

（一）从私立"救济"到公共"福利"

1. 学徒时代的儿童福利

在没有确立独立的儿童观之前，现代意义的儿童福利是不存在的，孩子的养育问题是由家庭负担或由孩子们自行解决的。相当部分经济贫困的家庭会选择将无法养育的子女送到手艺人家里当学徒或者贵族家中做奴仆。学徒生活通常没有保障，有的学徒甚至在师傅家中遭到虐待失去生命。"儿童福利的早期法律产生于学徒这一行业。1563 年的英国技工法规定，任何一个人要从事工业技术行业必须经过 7 年的学徒期。此规定是培养儿童这一成功体系的基础，但同时就这个体系来说，除非法律加以规定，那么也极易受到个体的滥用。事实上，一些来自行会的监督，他们关心本行业的整体性，并且也关系学徒们的利益，此外，治安法官也有权把学徒从师徒的合同中解脱出来并且惩罚行为不当的雇佣者。在这种'正式'的商业学徒制之外，还有一种学徒就是教区学徒，它也是一种为贫穷儿童寻找'家园'的一个制度体系。"❶简言之，早期的儿童福利就是通过赋予公共力量适当的监督权、惩罚权，来保障"儿童学徒"或"教区学徒"免于悲惨的生存状况。

2. 工业时代的童工福利

工业时代的到来，对童工的剥削已经突破了传统的农业社会中少量的学徒工所面临的一些惨遇，这使得改善童工的生存条件成为社会达成共识的迫切问题。例如，"妇女和儿童被广泛用来取代男性劳动力的位置。

---

❶　玛格丽特・K. 罗森海姆，富兰克林・E. 齐姆林，戴维・S. 坦嫩豪斯，等. 少年司法的一个世纪 [M]. 高维俭，译. 北京：商务印书馆，2008：422.

1875 年，英国的纺织工业雇用了117 994个 13 岁以下的儿童。"❶ 童工曾经是工业时代进步的重要劳动力。随着工业技术的发展，童工劳动能力越发不能满足工业生产需求，国家也就顺应民意地禁止了童工的使用。例如，英国于 1833 年颁布工厂法禁止雇用 9 岁以下的童工，并监管 18 岁以下的其他童工的雇用。1901 年的法案禁止雇用 12 岁以下的童工，并限制了总的工作时间，规定了整个一天和一周工作时间的分配。

3. 儿童福利观的现代转型——"私力"与"公力"的较量

传统观念中，对于贫困的救济属于一种私人行为，是一种个人善心、善行的体现。现代社会保障制度的产生标志为 19 世纪末英国伊丽莎白女王颁布的济贫法，而现代福利制度的系统性建立却经历相当长的一段时间，其中，对儿童福利的公共资源支持是否正当、有效也曾产生激烈的争执。1824 年美国纽约州议会提出的《耶茨报告》提出"从前的公众救济、家庭救助、合同救助和拍卖救助都有很多缺陷，会引起冷酷、浪费和低效率。穷人在这些地方，往往都会受到残酷的对待，甚至是非人的虐待，而且孩子的教育和道德几乎被完全忽略了。如果孩子们在道德败坏、懒惰无为和疾病中成长，那么早早地都会成为监狱和坟墓的奴隶。"❷ 这就蕴含着一个问题，我们的公共投入是以效益优先还是以公正优先，即法律能否要求公共投入必须百分百地发挥效益，还是为可能因为社会分配不公而面临生活困境的人施以援手的保障人生存的基本尊严。当然，前述对儿童福利的观点，同样具有时代的局限性，当时的美国正处于社会结构调整、经济快速发展，但还没有富裕到可以不计较经济效益的状况。因此，福利的提供还没能成为政府的责任，实现公共化的转变。美国传统的社会保障仍以个人的慈善行为为主，具有很大的随意性，尚未形成规模化、常态化。现代社会保障制度的普遍适用和儿童观的确立，现代美国的福利制度对于儿童福利应当属于政府责任、属于公共事务的观念是没有质疑的。

---

❶ 弗雷德里克·L. 努斯鲍姆. 现代欧洲经济制度史 ［M］. 罗礼平，秦传安，译. 上海：上海财经大学出版社，2012：229.

❷ TRATTNER W I. From Poor Law to Welfare State—A History of Social Welfare in America ［M］. 4th ed. New York：The Free Press，1989：56.

（二）从"牟利"到"福利"

早期的儿童福利法在为儿童提供福利的合法外衣下，通过建立贫民院、福利院、孤儿院等方式限制儿童自由，压榨儿童的劳动。儿童成为工业社会牟利廉价或免费劳动力的主要对象，甚至成为国家提供工业生产技术的重要手段，国家在爱的名义下成为最大的经济获利者。"一种类似于国家农奴制的体系在大多数欧洲国家建立起来了。……在波西米亚，1717年8月5日，摄政王决定为了引入细布制造，建立贫民院、孤儿院和劳动教养院是可取的。瑞士的巴塞尔把其孤儿院里所收养的人转交给那些承诺养活他们的制造商。"❶ "而奴役在英国殖民地也很常见。那些违反普通法或犯有政治罪和贫困罪的人，都被作为契约奴工送往各殖民地。1620年，埃德温·桑迪思（Edwin Sandys）爵士把100个伦敦市裁定放逐的孩子送到了弗吉尼亚殖民地。"❷ 儿童福利政策的供给甚至成为净化社会环境的重要手段。给孩子提供福利的根本动因在于社会管理和社会环境净化的需求，而不是从孩子的生存和发展需求出发。"早期福利国家的各项机制和政策多多少少都带有某种政治目的或出于社会管理的功利需要，如德国俾斯麦时期的社会保险法体现的不是劳动者的权利，而是统治者的权威；而早期英国济贫法及之前的劳工法等法律的制定，是因为政府认为劳动力短缺、人口流动、沿街乞讨等现象不仅相互关联，而且危及社会安定，需要加强管理；同时，英国扶贫机制的建立也是为了避免教会和世俗政权分庭抗礼。这种出于功利目的的福利是受益者作为劳动力市场的一员而享受福利待遇，诸如托儿服务、康复服务、医疗服务等待遇都将个人与劳动力市场相连接。当然，福利制度发展到现代，特别是在瑞典等典型的福利国家，保障人权、追求平等成为福利制度建立的价值目标。儿童福利起始于被遗弃的儿童，其产生早期也带有一定的功利性，在西方社会，不管是中

---

❶ 弗雷德里克·L. 努斯鲍姆. 现代欧洲经济制度史［M］. 罗礼平，秦传安，译. 上海：上海财经大学出版社，2012：80.

❷ 弗雷德里克·L. 努斯鲍姆. 现代欧洲经济制度史［M］. 罗礼平，秦传安，译. 上海：上海财经大学出版社，2012：89.

世纪教会主导社会生活时期还是后来的世俗政府，都通过一定的形式干预家庭生活，最主要的一个原因就是防止'非婚生子'的出世和夫妻离异后儿童的失养，避免对这些失依儿童收容和教养的责任。"❶ 1853 年在美国由劳伦·布雷斯神父发起成立的纽约儿童救济协会的纲领便明确："本协会就是为了解决纽约市不断增长的儿童犯罪率与贫穷的问题。我们的目的就是为了'净化城市'，帮助那些孩子……我们希望……特别是通过这个社会的农民、制造商和居住在乡村的家庭来解决这些孩子的就业问题。如果我们遇到一位孤儿，我们就会让他寄居在有能力使他们生活的人们家中，让他接受好的教育。"❷ 孩子不应当是成人的娱乐对象，也不应当成为成年人的牟利工具。对于孩子的爱本就不应该是功利的，对于孩子的爱本来就应当是单纯的。只是到了我们的物质文化发展到一定程度，我们才因为有能力负担而承认儿童的这一基本权利。这几乎是儿童福利法发展的一个不争的事实，也是一段我们不能不面对的历史。现代社会的儿童福利已经成为没有争议的儿童一项基本权利内容，该项权利在国际性条约《联合国儿童权利公约》中得到体认。

（三）从保护"对象"到权利"主体"

多数冠以福利名称的儿童福利法，都是以保障和促进"儿童身心健康成长"为目的，标榜自己的福利性质，但对这一保护理念的内涵在不同的时代背景下却可能具有不同的内涵。美国著名的爱心人士布雷斯教士虽然认为"家庭生活对儿童是十分重要的，但他却撇开了家庭的自然血缘成分——孩子自己的亲生父母。他的计划使得越来越多的儿童踏上去西部的征程。他的计划显得很随意，想当然地就认为孩子们能够得到生活的好机会。他很少花时间去调查寄养家庭的经济状况，也从未再得到那些孩子们的消息。他们中的大多数都是不超过 14 岁的孩子。经过 25 年实践，布雷斯和他的儿童救助协会使 5 万多个孩子离开了纽约。但这并没有引起人们

---

❶ 王雪梅. 儿童福利论 [M]. 北京：社会科学文献出版社，2014：5-6.
❷ 牛文光. 美国社会保障制度的发展 [M]. 北京：中国劳动社会保障出版社，2004：88.

的惊奇，因为整个纽约市，甚至整个纽约州都从中得到了好处。"❶ 公众以
爱的名义将孩子带离他们熟悉的生活环境，那些特殊儿童似乎因此也获得
了稳定的家庭成长环境，却也成了整个纽约州的弃儿。

儿童应当获得应有的福利保障的观念使得儿童从救济的对象转变为权
利的主体，如日本，"制定初期，儿童福利法只是针对贫困儿童而进行的
保护和救济。随后，1951 年日本制定的儿童宪章和 1994 年通过了联合国
批准的《联合国儿童权利公约》，提出了'保障儿童权利'的理念，即不
是将儿童作为被保护的对象，而是将其置于权利主体的地位，承认了除政
治权利之外的全部公民权利。因此，现在的儿童福利法明确了'儿童拥有
健康成长的权利和生活得到保障、被爱和被保护的权利，其责任由监护人
和国家及地方政府承担。'"❷ 现代儿童福利法的理念，早已剔除了旧儿童
福利理念中向贫困儿童提供帮助是一种恩惠和施舍，以及由此产生的对贫
困儿童贴标签的负面效应。虽然儿童福利的提供者与儿童之间的关系不再
是施与受的关系，但仍有部分社会组织、个人等对贫困儿童进行捐助时，
强制性要求被捐助者公开感恩，并在公众的关注和媒体的揭露下，暴露自
己家庭的贫困，用生活的惨状博取同情和怜悯。善款成了廉价的广告投
入，善行成了伤人自尊的利刃。这不可避免地会使被救助儿童产生心理创
伤，毕竟没有人会以贫穷为荣。

二、少年福利法基本理念：未雨绸缪

"打一个比喻，儿童就是生长在受污染泥土里的植物，如果把这样的
植物移植到肥沃的土壤中他们就可以被拯救。……从公众的意识中和用社
会的修辞来说，这些儿童是兴高采烈地被送往光明未来的'儿童'。"❸ 虽
然事实证明，将儿童从家庭中剥离，远离熟悉的成长环境并不会起到良好

---

❶　牛文光. 美国社会保障制度的发展［M］. 北京：中国劳动社会保障出版社，2004：88-89.
❷　宋健敏. 日本社会保障制度［M］. 上海：上海人民出版社，2012：415.
❸　玛格丽特·K. 罗森海姆，富兰克林·E. 齐姆林，戴维·S. 坦嫩豪斯，等. 少年司法的一
个世纪［M］. 高维俭，译. 北京：商务印书馆，2008：422.

的帮助效果。但是在这种主动改善儿童成长环境的理念指引下，国家主义的儿童观念得以确立。作为现代国家一项基本的社会保障制度，国家作为儿童福利的责任主体毫无争议。从我国司法实践来看，被收容教养或被监禁的少年犯具有一些共性。他们普遍的受教育程度不高、家庭成员不稳定（父母一方多婚）、家庭经济收入较低，且早期的越轨行为均未得到有效的纠正与指导。❶ 在他们的成长经历中，则普遍缺少父母或其他监护人的稳定陪伴，与父母或其他监护人之间没有建立稳定的情感联系，也没有在学校或社区中得到有效的情感支持，他们对身边人的漠不关心、对违法、犯罪行为的无所顾忌。国家为孩子们提供必要的义务教育，可以保障孩子们拥有一个稳定的生活环境、适当的交往群体，在其人生观、世界观尚未完全形成的时候，帮助其远离越轨的危险。校园教育的丰富内容，不仅可以帮助青少年学习知识、发现自己的喜好、特长，还可以培养他们正常的社会交往能力，与同龄人、与校园、与社会建立稳定的情感联系。因此，国家所提供的福利支持，不是在问题少年出现之后，而应在未雨绸缪的保护主义理念指导下，将更多的经历投入到儿童教育、医疗等福利领域当中。

三、少年福利法的基本内容

从各国的儿童福利立法模式选择看，可以将儿童福利模式分为"补救模式、发展取向模式、社会保护模式、福利国家模式、社会参与模式"❷等。而选择何种儿童福利模式则与各国的传统文化、社会现状、儿童观念等综合因素有关，且各种模式的优劣无法进行绝对的比较，也与各国的GDP 水平无直接必然联系。例如，"联合国一项调查显示，经济发展水平高的美国，在儿童福利 6 项指标评价中，其综合指标排到 21 个国家中的第

---

❶ 如笔者调研的 C 市 2019 年收容教育的某 14 岁少年，从 11 岁开始偶尔离家，就流落异地参与盗窃车辆，被当地公安机关抓获后，因其未达刑事责任年龄，一放了之。之后的三年时间里，该少年参与盗窃车辆数百次。

❷ 黎昌珍. 从西方儿童福利范式的演进看我国农村孤儿救助制的转型 [J]. 学术论坛, 2006 (12): 69-71.

20 名。"❶ 各国的少年福利法涵盖内容基本一致，主要包括教育、医疗和劳动保障。

（一）教育保障

1. 家庭教育保障

家庭生活质量直接影响孩子健康性格的养育，而家庭的经济条件是父母等承担子女教养责任的物质基础，这也是我们不得不承认的现实即财富占有的不公可能会导致孩子因得不到良好的教育而将社会分配不公延续到第二代甚至更久远的未来。因此，家庭教育功能的保障也是儿童福利应当考量的内容。"政府对家庭福利的支持主要表现在：①促进父母就业，提供各种家庭津贴、育儿津贴以及包括事业保险在内的各种津贴和保险。②向家庭提供福利支持，帮助家庭改善为对儿童友好的环境，如果效果不佳，有可能将儿童带离家庭。为了儿童持续健康成长，通常需要一个临时安置地点，一种安置地点是儿童福利机构，另一种是临时看护家庭。如果儿童原初家庭经过一段时间仍没有改善并便于儿童返回，就需要为儿童找一个长期的收养家庭，同时保持与原初家庭的联系。③为家庭提供各种福利服务，包括托儿机构以及儿童福利社工为家庭提供的心理帮助和咨询服务等。"❷ 对于双职工的家庭，隔代教养已经成为一种常态的养育方式，而隔代教养出现的问题已经成为一种广受关注的现象。

只有家庭的经济保障，还不能保障孩子受到良好的家庭教育和熏陶，关键在于父母的教育理念的调整。儿童心理学研究表明游戏才是儿童学习各种机能的有效途径，而家长在参与儿童游戏的过程中才能帮助儿童建立与家长的有效沟通，培养有利于其一生的安全感和幸福感的重要心理素质。长期错误的教育理念均以学业为重却忽略了健康人格的培育。养育子女不是生来就具备的一项技能，它需要后天的学习和培养。而亲职教育在多项犯罪学研究中，均显露出其重要性，即亲子关系的融洽程度会影响到

---

❶ UNICEF Report Card 7, Child Poverty in Perspective: An Overview of Child Well-being in Rich Countries, UNICEF Innocenti Research Centre, 2007.

❷ 王雪梅. 儿童福利论 [M]. 北京：社会科学文献出版社，2014：64-65.

子女的性格发展、社会能力等，进而，影响到少年越轨或少年犯罪行为的发生概率。"在技术复杂的社会里，十分注重学业上的成就，但是少年罪犯常常由于家庭生活困难和妨碍学习的家务劳动而不能成为大专院校的学生。美国、加拿大、欧洲和日本所做的许多研究表明，家庭的破裂，父母酗酒以及父母亲的社会经济地位低下对少年犯罪的起因有影响。"❶ 家庭担负着孩子人生道路上起跑线的教育责任。家长的监护能力提高、监护技巧的培训、紧张亲子关系的教育指导、心理干预、心理调适等公共服务。在我国家庭亲子关系等服务消费一般是属于私人消费，不是公共服务，其覆盖面较为狭窄，资源占有比例严重失衡。

2. 学校教育保障

受教育权作为一项基本的权利，通常会被写进宪法或基础性部门法，但这种法律明确了权利能否落实，更多地取决于政府的公共投入、公众的教育理念。作为当代第一大教育输出国，美国成为众多国家留学生选择留学地的首选。早在"1972 年美国有 292 亿美元的公共开支用于教育领域。同所有福利国家一样，美国的初级、中级公共教育都是作为市民权益的基础部分而由政府免费提供的。法律规定：父母必须将其 5～16 岁的子女送到学校就读。"❷ 其教育水平的体现不仅在于教育的普惠性还在于其先进的教学理念给了孩子更多发挥想象力和创造力的空间，其全球性的知名学府可以面向所有优秀的学生进行双向选择。这种平等的受教育权的保障加上教育理念中对个人潜能的激发和培养，使得受教育权不再是一句口号。而在考核制度固化的教育体制下，受教育权作为未成年人应当平等享有的一项基本权利得到保障，应当有以下调整：首先，应当改变校际教育资源分配不公——升学主义的教学理念下择校制的取消。升学压力的重荷下，学校教育不重德育教育，学校培养出的学生可能有才而无德，或既无才又无德。我国高考升学明星学校河北衡水中学，有句响亮的口号"两眼一睁，开始竞争；两眼一睁，学到熄灯"。面对高考竞争压力，该学校课程设置

---

❶ 路易斯·谢利. 犯罪与现代化：工业化与城市化对犯罪的影响 [M]. 何秉松，译. 北京：群众出版社，1986：100.

❷ 牛文光. 美国社会保障制度的发展 [M]. 北京：中国劳动社会保障出版社，2004：158.

没有文体内容，学生与外界完全隔离，即使是家长有事要见孩子，也要通过班主任、学年主任等层层审批才能得以一见。读书成了改变命运的唯一捷径。学校和家长的双向选择一般都以经济条件作为前提。于是，经济实力决定了孩子的未来，而不是个人的竞争优势决定一个孩子的成长平台。学校教育不应当以成绩为唯一的考核指标，学校教育应以陪育学生的健全人格为指导理念。其次，校内教育资源分配不公——学校治理的不二法宝分班制的取消。大班制的教育管理模式带来过重的学生教学和管理压力，师资力量不足及追求高考业绩的目标混合作用催生分班制的教育模式。分班制既可以将成绩优异的学生集中一个班级，以配置优质的教学资源，又可以将成绩不好的不易管理的学生集中到一个班级，以松散的管理和较低的教学压力满足学校带管学生的义务。第一，转变学校教育理念。学校不是单纯的智力开发机构，而是孩子从家庭走入社会的第一步，也是最关键的一步的引路人。健全的人格才是伴随其一生的宝贵财富。但是，学校教育资源的分配不公却使得"教育平等"成为一句空话。第二，开展丰富的教学内容，帮助学生树立自信。每个人都是不同的，包括自身的优点和不足。第三，对于有特殊教育需求的学生施以特别教育内容。如"一些研究表明，少年犯罪和学校发生关系的方式与其和家庭条件发生关系的方式相同，也就是说，学校活动通过影响学生与少年犯罪和反少年犯罪行为模式的关系来影响少年犯罪。"[1] "日本学者河野重男将学校教育病理区分为四类：第一类教育机能病理（如偏重学历、升学竞争、补习等）；第二类教育机会病理（如壅塞的班级、城乡落差、阶层落差等）；第三类教育内容病理（如升学或联考体质、考试主义等）；第四类教育团体病理（如升学班对后段班、教育改革组织对教育部等）。"[2] 从学生的日常时间分配比来看，处于受教育阶段的青少年的大多数时间是待在学校环境里的，学校不仅有伙伴，还有其提供的整体的社交环境和生活背景。"学校成为了承载

---

[1] 埃德温·萨瑟兰，唐纳德·克雷西，戴维·卢肯比尔. 犯罪学原理 [M]. 吴宗宪，译. 北京：中国人民公安大学出版社，2009：275-276.

[2] 杨士隆，蔡德辉. 少年犯罪：理论与实务 [M]. 台北：五南图书出版有限公司，2001：183.

新的教育新年的知识宝库，学校教育是个人发展的基本动力源以及获取平等机会的主要资源。学校被资以多重的、常常冲突的使命：制造一支有教育、有纪律的劳动力大军；抗制贫穷和犯罪；基督伦理教化等。于是，学校教育被设定为一种公共责任，以及一种公共防卫方法。如此，学校教育承载了人们因儿童问题所唤起的希望，及其所带来的担忧。"❶ 学校教育的成功似乎可以被理解为监狱教育的阻隔。反之，若学校教育失败则监狱内儿童的数量必然有所上升。"1950 年，美国犯罪学家科恩（Cohen）描述的帮派少年犯，是由下阶层学生所组成，而其形成的背景，是因为彼等在学校的身份地位挫败，自组帮派团体乃为了建立属于自己的价值体系，互诉衷曲。"❷

（二）医疗和卫生保健保障

儿童福利保障体系较为成熟的日本，其儿童医疗卫生和保健已经做到了全覆盖的程度，涉及内容几乎可以满足从出生到成年的全过程的基础性和特殊性的医疗需求。"儿童福利保障措施是针对儿童的健康、诊疗、保健、援助以及障碍儿童服务等具体措施的实施过程。儿童福利的具体实施，主要是由被称之为'保健所'的机构负责。保健所依据《儿童福利法》设置，目的为针对儿童保健，普及正确的卫生知识，针对儿童健康进行商谈，还可以实施儿童健康诊察，根据需要进行保健指导。另外，对于身体有障碍的儿童，以及长期患病需要疗养的儿童，也由保健所给予保健指导。"❸ 对于儿童医疗和卫生保健的福利提供，不仅局限于医疗服务本身，而且还会延伸到医疗、保健药品的供给安全保障，医药产品的研发公共投入等公共基础性支持问题。❹ 另外，还有针对残障和疾病儿童的特殊

---

❶ 玛格丽特·K. 罗森海姆，富兰克林·E. 齐姆林，戴维·S. 坦嫩豪斯，等. 少年司法的一个世纪 [M]. 高维俭，译. 北京：商务印书馆，2008：22.

❷ 林山田，林东茂. 犯罪学 [M]. 台北：三民书局，1990：25.

❸ 吴海航. 日本少年事件相关制度研究：兼与中国的制度比较 [M]. 北京：中国政法大学出版社，2011：38.

❹ 2016 年 3 月 18 日腾讯新闻报道：庞姓母女在长达 5 年多时间里从各地低价购入流感、乙肝、狂犬病等 25 种人用疫苗销往各地，途中未采用冷链存储运输，案值达 5.7 亿。该疫苗可能导致无效免疫，严重的可致接种者残疾、死亡。

医疗救助服务，如先天残疾、后天残疾、精神障碍、艾滋病儿童等的救助；以及可以涵盖从孕期到产后一段时间婴幼儿养育的指导内容的母婴保健计划等。

第三节　少年福利法中体现的刑事新派理论

《联合国预防少年犯罪准则》（又称《利雅得准则》）第 4 条规定："青少年从其幼年开始的福利应是任何预防方案所关注的重心。"新派理论代表李斯特认为社会环境是产生犯罪的首要诱因，尤其对于身心发育过程中，模仿学习能力最强的青少年，最易受环境濡染。对于少年健康发展的保障就是尽力为其提供一个健康、良好的生活环境。而少年福利法所涵盖的内容就是为少年提供基本的生活保障，避免其因家庭出身、身体残疾等特殊因素遭受不平等的教育机会剥夺、医疗保健资源的匮乏。这些可能影响其未来成长的基础性资源占有的缺失，应当由国家构建完善的社会福利体系予以保障。此项事业关乎儿童基本权利的实现，也会是影响少年犯罪问题的重要因素。"宏观使力，个体受益"，投资儿童不能有急功近利之心，而应投入温润如玉的爱护之心。

一、少年福利法与犯罪原因论

生存和发展的基本保障是人类的基础性需求。如果基础性需求得不到满足，可能就会导致社会的动荡和犯罪的频发。从早期的儿童福利观可以看出，儿童福利的发生是为了净化环境，减少少年犯罪的发生，是一种防卫社会的管控措施。儿童福利仅针对特定的贫困儿童和流浪儿童，并不是一种广泛、稳定、平等适用的社会保障措施。现代儿童福利保障的观念是随着社会经济的发展、人口结构的调整等社会要素而逐渐发生转变的。早期的隔离或驱逐的政策并没有达到预期的净化环境、降低犯罪的理想效果。犯罪学研究表明，受教育的程度、稳定的家庭生活、健康的亲子关系和伙伴的影响等对犯罪的发生具有重要意义。美国犯罪学家希利于 1915 年对于 1000 名平均年龄 15 至 16 岁的少年累犯进行研究并试图发现少年犯的原因。"在他的研究中，发现少年犯罪的原因，遗传并不是最主要的。希利与他太太布洛妮于 1926 年共同合作，对于 4000 名少年犯，做十年的长期追踪研究，研究内容包括少年犯的身体与心理状况。他们检验少年犯的生活史与家庭关系，发现少年犯的身体状况并无特异之处，可是少年犯大多有不良的朋友与同学，而且少年犯大多缺乏父母亲的监督与管教。……希利夫妇在该研究中指出，这些少年犯的 92%，有严重的情绪困扰；他们不被父母亲了解与喜爱，无法与父母亲沟通。"❶ 现代社会中，如果在受教育的适龄阶段无法得到良好的教育，在社会上游荡容易沾染不良习惯，更容易结交不良伙伴，甚至为部分犯罪分子所利用，成为别人犯罪的工具。因此，在适龄阶段也是人生中最活跃的青春期，每个青少年平等的接受教育应当作为一项基本的社会福利保障制度。

二、平等的福利措施与人身危险性的消除

受教育权作为儿童的一项基本权利，已得到世界各国的普遍认可。例如，日本福利法中规定的儿童津贴"是将所有儿童作为对象，但对于支付对象儿童的年龄在很长一段时间里一直定位'不满 3 岁'，理由是这一时期是'作为人格基础形成的最重要时期，经济支援的必要性比较高'。在有儿童津贴制度的国家中，惯例是将所有'儿童'年龄层的儿童作为支付对象，且在学儿童的年龄进一步延长。如德国，将不满 18 岁的儿童作为对象，对学生等则延长到 27 周岁；在英国，不满 16 岁的儿童是儿童津贴支付的对象，但对在认定教育机构接受全日制教育的人则延长到 19 周岁。而日本尽管对儿童的定义是达到 18 岁者，但儿童津贴的支付对象则设定的非常低。因此，2000 年之后又进行了多次改革，目前是针对之初中毕业为止

---

❶ 林山田，林东茂. 犯罪学 [M]. 台北：三民书局，1990：55.

的儿童，按年龄层进行不同金额的支付。"❶ 日本对于经少年院确定，需要接受少年特殊处遇的措施，也多非监禁刑为首选，且对于越轨或犯罪少年采取教育的处遇措施。从教育福利保障发展经历来看，世界各国的儿童教育福利保障的范围都在逐渐扩大，标准亦在稳步提高。但是，对于因越轨或犯罪而被采取了收容教养或刑罚等拘禁刑措施的少年而言，平等的福利措施，可能会随之消失。犯罪或被收容教养的少年其人身危险性的形成是一个渐变的过程。对于人身危险性的消除同样也是一个渐进的过程。人身危险性的消除不仅是在被执行刑罚或收容教养期间，也应当考虑特定少年群体，在社会化的需要。刑事新派理论的观点，早已经提出对于解教少年的特殊政策即应当帮助其寻找就业的机会。从实地调研的 C 市某未管所的在押少年犯和收容教育的少年来看，他们的日常生活和学习，与同龄的其他少年保持平等的受教育机会几乎是不可能的。客观上，这就造成了一旦被采取了拘禁刑的措施，也就意味着他们失去了平等享受教育资源的机会。因此，从人身危险性消除的角度来考虑，即便是越轨或犯罪的少年也应当为其保有平等的受教育的机会。

三、全面的少年福利与整体刑法观

古语有云：仓廪实而知礼节，衣食足而知荣辱。"儿童福利政策不仅仅是关照特定困境儿童的手段，还是实现更大政策目标的工具——从经济发展以至于道德维护。"❷ 少年福利法的全覆盖和广撒网，不仅是社会对儿童和青少年尽责，也不仅是单向地由社会向儿童提供一个基本的生活保障和社会环境保障，而更是一种爱的传递和表达，爱是一切沟通的基础，爱是人类社会得以自存的前提，少年福利法更是将少年之养育视为社会的责任，反之，少年福利的实现也会为社会提供一个舒适、安全、放心的少年群体。无论我们多么崇尚个人主义，主张自我价值的实现和个性的张扬，

---

❶ 宋健敏. 日本社会保障制度 [M]. 上海：上海人民出版社，2012：393.
❷ 玛格丽特·K. 罗森海姆，富兰克林·E. 齐姆林，戴维·S. 坦嫩豪斯，等. 少年司法的一个世纪 [M]. 高维俭，译. 北京：商务印书馆，2008：13.

在孩子的面前我始终要保持谦逊，因为我们始终不清楚在我们面对的白板面前，什么行为或不好的习惯会被孩子习得，我们只能心怀忐忑的做孩子一生成长中的一位善良、温暖、有爱的支持者、赞赏者，还有就是任何一个父母都不得不面对的一个角色，就是孩子生命中的过路者，我们不能终其一生地陪伴左右，但是我们却可以给予孩子能够一生受益的健全人格。

第六章　少年法与刑事新派理论的整体演绎

第一节　少年法发展脉络

一、少年法的肇始

少年法的界定有广义与狭义之分。按照我国台湾地区学者林纪东先生的观点，少年法有狭义、广义和最广义之分，即"少年法一语，有种种意义，最广义之少年法，指所有有关少年之法制而言，故如：（1）各种有关少年教育之法律……（2）各种有关少年福祉之法律……（3）各种有关少年保护之法律……（4）各种有关少年劳动之法律……（5）宪法上有关儿童福利之规定……亦莫不属于最广义少年法之范围。广义之少年法，则指各种有关少年不良行为之保护法制而言，包括少年保护法，少年刑法，少年法院法，少年刑事诉讼法，少年监狱法，少年救护院法各种。……而狭义之少年法，则专指少年刑法及少年刑事诉讼法而言。"❶

本书少年法的界定取其最广义，将就少年犯罪问题进行规制调整的法律规定界定为少年犯罪法，既包括少年刑法又包括少年刑事诉讼法，是实体法与程序法的综合体。广义的少年法即发源于少年犯罪法。因为是少年

---

❶　林纪东. 少年法概论［M］. 台北：台北编译馆，1972：11.

犯罪现象催生了少年犯罪法的产生，也是少年独立于成人世界，首次受到法律的关注，进而产生属于少年群体独立法律建制的少年法的发生源。

（一）少年法的产生标志

"然少年法之生长路径，实始于少年刑事法方面，而以 1899 年之美国少年法院制度，为其嚆矢。"❶ 美国是世界公认的少年法起源地，且以美国芝加哥市伊利诺伊州库克郡少年法院的建立为标志。19 世纪的芝加哥发展迅速，人口快速增长，"芝加哥的人口在 1860 年为109 260人，50 年后一跃而为2 185 283人，在 1890 年仅次于纽约"。❷ 芝加哥这个吸引了众多流动人口的地方是一个机遇与挑战并存的城市。它是一个有着快速的经济发展、大量的流动人口和多种冲突文化的上升中的城市。芝加哥的父母们在这片热土上打拼，子女在街头巷尾游荡，游荡的同时伴随着盗窃、打架、乞讨等扰乱社会治安的不法行为。在这个有着大量移民和移民子女的城市里，少年犯罪问题成为一个引起社会各界广泛关注的社会公众话题。美国著名儿童心理学家霍尔对儿童心理学的铺陈叙事，在时代背景的催促和卓越的慈善家们共同的努力下，芝加哥用改变迎接挑战。世界上第一部少年法院法在芝加哥伊利诺伊州诞生了。"伊利诺伊州议会直至 1899 年 4 月 14 日——19 世纪最后一次立法会议的最后一天，《无人照管、疏于管教以及罪错少年处遇和监管法令》（An Act for the Treatment and Control of Delinquent Children）才得以通过。1899 年 4 月 14 日，该法令生效，库克郡少年法院得以设立（更多情况下是作为芝加哥少年法院而为大众知晓）。由远见卓识的慈善家露西·费劳尔和她的朋友茱莉娅·莱斯罗普——后于 1912 年成为美国联邦儿童局的首任局长的一位儿童福利专家——发起建立的少年司法制度的人道主义改革，终于取得了阶段性的成果。少年司法的道德圣战者们终于可以暂时松上一口气。经过 10 年的并肩奋战，他们终于成功将关于儿童无邪（childhood innocence）和公众责任

❶ 林纪东. 少年法概论 [M]. 台北：台北编译馆，1972：19.
❷ 牛文光. 美国社会保障制度的发展 [M]. 北京：中国劳动社会保障出版社，2004：62.

（public responsibility）的理念写入法律。"❶ 少年法院的建立，确定了少年犯罪案件的审理应当具有区别于普通刑事法院的审理模式、处置方式等给予少年的特别保护手段。

（二）世界各国对美国"少年法院"模式的复制

产生于 19 世纪的刑事新派理论对少年犯罪问题的关注，着力点在于对少年所处环境的改变才是改变少年犯罪问题的有效路径。于是，少年法院在对于那些已经进入刑事观察视野的犯罪少年环境的改善便始于少年专门法院的建立。虽然新派理论源于欧洲大陆，但是对于法律文化传统师承欧洲大陆的美国而言，刑事新派理论已经成为美国法学领域中广为传播的学术思想。而从美国的发展历史来看，对于新鲜事物的尝试往往带来意想不到的收获，即使不如爱迪生的电灯能够一夜之间照亮美国的夜空，少年司法在美国的诞生同样以前所未有的速度传播至世界各地，且几无争议地成为美国文化传播的又一明证。

虽然有着不同的司法传统，由判例法到成文法国家的司法文化传统有着巨大的差异，但是对于美国少年法院的引进和复制，几乎在大陆法系国家没有遭遇任何障碍。美国少年法院法颁布后，"其他各国亦相继取法：1908 年有英国、加拿大，1910 年有瑞士，1912 年有法国与比利时，1913 年有匈牙利，1919 年有波兰、阿根廷、奥国，1922 年有荷兰及日本，1923 年有德国及巴西，1924 年有西班牙。墨西哥亦于 1926 年，希腊于 1939 年次第制定少年法，为应付少年犯罪之重要方案。"❷ 德人佛洛依德塔尔旅美时对少年法院制度大表赞扬，在他的大力推广下，德国的少年法院于 1908 年，分别在法兰克福、柏林及科隆设立。❸ "因国内外思想之冲击，以及欧洲各国蓬勃发展之少年运动，促成'少年法院运动'。……承办少年案件之刑事法官，亦兼掌监护法官所应办理之教育措施。1909 年（即翌年），

---

❶ 玛格丽特·K. 罗森海姆，富兰克林·E. 齐姆林，戴维·S. 坦嫩豪斯，等. 少年司法的一个世纪 [M]. 高维俭，译. 北京：商务印书馆，2008：50.

❷ 沈银和. 中德少年刑法比较研究 [M]. 台北：五南图书出版公司，1988：21.

❸ 林山田，林东茂. 犯罪学 [M]. 台北：三民书局，1990：52.

柏林即率先创立'德国少年法院节'。而后各邦各地迅速响应，立即独立设置少年法院，并订定少年法院节。1912 年于维特里希仿照美国模式，设立德国第一所'少年监狱'，将少年受刑人与成年受刑人分离，实施教育化之刑事执行。此后对于少年犯之处遇，概依行政命令指示之。1922 年公布实施少年福利法任命各类少年官员长官少年教育福利以及矫治之事务。创设'保护管束'自己养护教育二种措施。由掌理监护事务之法官，对于少年之放荡行为，作为处遇措施。"❶

李斯特认为少年法院模式是对其主张的预防刑理论观点的有力践行，是立法层面对古典报应刑思想的有力抨击。在其著名的《德国刑法学教科书》中，他提出"在与青少年犯罪做斗争方面，最新的立法最大限度地满足了现代刑事政策的要求。1923 年 2 月 16 日的《少年法院法》冲破了报应刑思想，赋予适合青少年个性的教育措施以优先于刑罚的地位，同时将刑事责任年龄提高到 14 岁，为青少年法院的法官与主管青少年福利救济和教养的有关机构（监护法官，青少年福利局，学校和家庭）的密切合作提供了法律保障。盼望已久的关于对青少年进行认真和持久教育的帝国教养法规——《帝国青少年福利法》于 1922 年 7 月 9 日颁布，各州的《青少年犯罪教养法》以及构成国家法律基础的《民法典实施法》第 135 条因而自然失效。本着犯罪预防这一基本思想，1926 年 12 月 18 日出台了《保护青少年免受淫秽书刊毒害法》。"❷ 这一系列关涉少年利益的特殊法律，都是对李斯特特别预防思想最好的法律诠释。

从少年犯罪现实出发，各国的少年法产生和发展都上路了。人们怀着改变少年犯罪现象、对困境少年施以援助的美好愿景，在少年法建制的路上走上了不同的发展路线。但无论起点怎样，都是体现对少年罪犯宽宥理念、适用特有审理程序及对极刑限制适用的少年犯罪法。

---

❶ 沈银和. 中德少年刑法比较研究 [M]. 台北：五南图书出版公司，1988：9-11.
❷ 李斯特. 德国刑法教科书 [M]. 徐久生，译. 北京：法律出版社，2006：18.

二、少年法发展脉络的梳理

在不同的文化背景下，很多具有普适性的基础性制度的建立往往不是共时性的，而是历时性的，"是在时间的流逝中完成的，是在无数人的历史活动中形成的，是人类行动的产物，是演化的产物"。❶

（一）由简单到复杂

工业化和城市化导致少年犯罪问题凸显。工业化和城市化进程中，社会财富观的转变使少年成为第一受害人，即少年被工业化的生产模式隔离于财富之外，对于少年欲望的满足通常无法从其自身的努力中得以实现。于是，不择手段地满足欲意成为正常选择，少年犯由此产生。而私有制的确立与大家族的解体导致财富聚集的第一受益人也是少年。社会经济的高速发展、思想文化的巨变，既为少年犯罪治理提供物质基础，也为少年犯罪的生成提供着更加复杂的成因。正如少年法于 19 世纪末在世界各地的兴起一样，少年法的产生是法律对社会现实问题的回应。少年法的产生与发展是社会稳定、经济发展、文明进步的风向标。过去大家族的生活模式，无论是少年行为的教导还是个体家庭经济困难，都有庞大的家族背景做支撑。此点，从传统的建筑模式中也可以有所体现，旧事的家庭祠堂，四合院的功能布局，旧时的家居摆设，陈列格局，都显示了家族族长、家庭中家长权威的绝对地位。任何一个时代（或称一种生产方式）都在用自己的特殊方式表达着它的制度缺陷，但也在努力地找着破解的答案。工业化带来了少年犯罪，也提供了少年福利的物质基础。少年犯罪问题的管控由简单粗暴的严打方式在向理性、成熟的方式转变。可以说，这并不是由某个政府或某个学派所决定的，而是时代的产物。因为特定的历史发展时期，提供了特定的犯罪背景，生成着特定的犯罪成因，也提供了特定的犯罪治理认识和能力。在小家庭解体，大社会形成的工业化、现代化的时代背景

---

❶ 苏力. 制度是如何形成的 [M]. 广州：中山大学出版社，1999：91.

下，整治少年犯罪问题的态度，也必然从问责少年转变为问责社会。对青少年儿童的教育和养育也必然会成为社会共同的责任。这也是为什么少年福利法发展到今天，它的内容在不断的扩大，涵盖的主体范围日益广泛。

（二）从消极预防到积极保障

1. 消极预防层面，加强管控

对于具有犯罪之虞的越轨少年，域外均采取了严格的管控措施，预防少年犯罪行为的发生。我国台湾地区制定了全面的"防制青少年犯罪方案"，分别从预防和矫治两个方面进行了规范，其中"预防：包括强化福利措施、加强亲职教育功能、改进青少年辅导工作、强化青少年就业辅导、净化大众传播媒体内容、加强滥用药物防治等。"❶ 前述措施即体现了社会环境治理、成长条件保障、家庭教育水平提高、少年不良行为矫正等多个层面，对越轨少年进行了犯罪防治。

2. 积极保障层面，提高安全和福利保障

研究幼儿教育的日本学者庄司雅子指出："幼儿教育是科学、是哲学，不是一般的常识。"❷ 日本的《儿童福利法》制定了详细的家庭教育支持计划，即通过讲座、分发宣传手册、专业人员指导等方式为家庭提供孩子教育指导。除了对家庭教育的关注以外，对社会大环境的治理，也是少年法发展的共同特点。如世界上多个国家都已建立的影视分级制度，以及对网络环境的治理。例如，2016 年 2 月 18 日英国政府在讨论如何杜绝青少年访问色情网站内容的时，指出目前大约 1/5 的未满 18 周岁的青少年在使用互联网时会访问成人网站。❸

---

❶ 杨士隆，蔡德辉. 少年犯罪：理论与实务 ［M］. 台北：五南图书出版公司，2001：391-392.

❷ 吴海航. 日本少年事件处理相关制度研究：兼与中国的制度比较 ［M］. 北京：中国政法大学出版社，2011：48.

❸ 英国政府将杜绝青少年访问互联网色情内容 ［EB/OL］. ［2016-02-18］. http://mini.east-day.com/a/160218114002122.html?qid=2345shouye.

三、少年法整体理念的转向

（一）从"惩罚"到"教育"的保护主义理念转变

"盖各国少年法发生之最初原因，系有鉴于少年犯罪问题之严重，事至可痛，危害亦深，故制定少年法，实施少年犯罪之刑事政策，以防止犯罪，预防再犯，而所以阻遏防止者，初时仅注重于审判程序之简易，科刑方法之不同，故最初之少年法，仅为少年刑法及刑事诉讼法。其后又鉴于不良少年是犯罪少年的种子，要减少少年犯罪，不但要制止于犯罪之后，而且要预防于犯罪之前，当他有犯罪行为之虞时，即须加以保护，预防少年犯罪的方法，保护尤重于刑罚，于是各国少年法治，乃由少年刑法的性质，转而增加保护的成分，其含义乃较前为广。……各国为了达到'幼吾幼而及人之幼'的目的，乃制定各项有关少年福祉及教育的法律，以养以教，使为健康活泼，知书识礼的少年，他日长大成人之后，乃能为国家尽忠，为民族尽孝，以奠定国家民族生存发展的基础。所以本世纪以后，少年法为社会安全法律的一种，它的含义，亦较之以前更广。"❶ 各国少年法的发展基本上肇始于少年刑事法。大体经历了类似的发展历程。从少年犯罪行为到少年越轨行为受少年司法的调整，已然体现了少年犯罪刑事政策之转变，即将少年犯罪行为预防前置于有犯罪之虞的少年。少年刑事政策所体现的理念不再是打击犯罪，而是保护提前。更进一步，为了社会安全，少年刑事政策转向于提供少年福祉和教育，由教育和福利保障培养未来文明公民。

（二）从问责"少年"到问责"社会"的责任主体变换

从旧派理论的犯罪自由意志论，我们看到刑法将少年犯罪人与精神病患者相提并论，少年犯罪人应当对自己的犯罪行为负责，只是责任能力略

---

❶ 林纪东. 刑事政策学 [M]. 台北：台北编译馆，1969：332-333.

有减弱，即适用于成年人犯罪的责任主义同样适用于未成年人。刑事社会学派的代表人物李斯特提出犯罪是由行为人的个体因素和社会环境因素共同作用的犯罪原因二元论。他认为，"我们（通过道德的、心理的，尤其是体育锻炼）对正在成长的青少年的潜在的犯罪倾向施加影响成为可能，尽管这个可能是有限的。更可喜的是，基于这种认识我们可以看到，那种偏激的遗传学——儿子的罪过是从父亲那儿遗传而来——会给我们展示一个较好的未来：由于周围的社会环境使得父母的生命力和生殖能力耗尽，如果这样的父母将'心理变态的劣等素质'、受到削弱的生存竞争能力等这些灾难性的遗传素质遗传给他们的孩子，那么，我们可以抱有这样一种有科学根据的信念，即一切得到加强的社会措施都会非常有利于后代的身心健康。犯罪如同自杀、杀婴和其他一切社会病态现象一样，均根植于影响后代发展的社会环境之中。在与犯罪做斗争方面，社会政策比刑罚及有关处分的作用要大得多，同时也更加安全"❶。因此，少年犯罪的产生不仅在于个体因素使然，更在于社会环境所致。少年犯罪之问责关键不在于少年，而在于社会。

　　少年法的发展经历从"亡羊补牢"到"防患于未然"的发展过程，是一个由消极应对少年犯罪到积极消除犯罪条件的过程。诚如菲利的犯罪饱和论所论证的在"一定的自然因素和社会环境下，必然会存在一定的犯罪"，少年犯罪问题伴随社会发展始终。美国学者路易斯·谢利通过对过去 200 年全球犯罪与工业化、现代化的关系进行考察后亦印证了此论断："两个世纪以前在英国看到的由于工业革命的到来而引起的犯罪的变化，在其他国家同样经历向现代化的转变时曾经多次重复出现。……犯罪已经成为现代化方面最明显和最重要的代价之一。当代社会犯罪问题的普遍性表明。社会发展进程和社会发展的成就都有助于犯罪。"❷ 故，对少年的"罪"仅施以"罚"是不正当的，而应从社会查找原因以减少施以少年的"罚"。

---

❶　李斯特. 德国刑法教科书［M］. 徐久生，译. 北京：法律出版社，2006：14-15.
❷　路易斯·谢利. 犯罪与现代化：工业化与城市化对犯罪的影响［M］. 何秉松，译. 北京：群众出版社，1986：158.

（三）从"一元"到"多元"的儿童保护体系构建

受启蒙思想的影响，人本主义思潮的影响从 18 世纪走来一路凯歌高奏，它的目光始终没有离开过"儿童"这一特殊群体。童年是每个成年人都要经历却永远也回不去的美好成长阶段，当我们可以心智成熟地迎接成年人社会生活的时候，我们就永远地告别了童年和青春岁月，那懵懂而充满了好奇和永远精力充沛的人生阶段。然而，长大成人后作为社会的一员，我们就应当承担起对儿童的照管责任和义务。稳定的环境是孩子安全感建立的前提。无论是作为有责任心的父母还是有责任感的社会成员，为孩子提供一个健康、安全的生活环境是我们义不容辞的责任。如何有效地呵护原本单纯的孩子，给他一个美好的未来，必须要进行理性思考和反复实践才能得到答案。

现实是儿童的行为逐渐成人化，或是成人的行为逐渐儿童化。对于只有 12 岁智力水平的电视节目，它的具体性、形象性正在逐渐地剥夺或称削弱电视受众的思考能力、语言能力等，为了吸引观众其内容的选择上和画面的冲击力上都在不断求新，通过感观刺激的提升牢牢地控制着我们的兴趣。成年人和儿童的区别逐渐消失，无论电视节目揭秘的彻底、社会环境的抽象化，还是已经在电视产业发展的影响下，被塑造了行为模式的人都在朝着趋同的方向发展。这似乎已经违背了人类的生长规律或生命的规律。有的人是跨越式的成熟，有的人是永葆青春性的逆生长，使得无法区分成年人或儿童。"当成人世界以一切可以想象的方式向儿童开放时，他们必然效仿成人的犯罪活动。"❶成人社会既享受着自己创造的现代社会生活模式，又同时要与它的种种弊端抗争。从独立童年观的产生到童年期的消逝，我们用自己的智识改变着人类的历史。生命所经历的相对时间在变长，绝对时间却在变短。信息的传递从保障生存到消耗生命历时几千万年，可能人类的历史就会被消耗在电子系统的一个个纪元单元格里。因

---

❶ 尼尔·波兹曼. 娱乐至死：童年的消逝 [M]. 张艳，吴艳莛，译. 桂林：广西师范大学出版社，2010：289.

此，对于儿童保护的方式、理念也随着现代社会的发展在不断更新，从给孩子一个衣食足的童年，到健康人格的养成；从责备或惩罚流浪儿童、孤儿的偷窃行为，到建立儿童福利保障体系的觉醒。它在少年法的发展历程中留下了清晰的痕迹，即从"一元"的少年犯罪法体系独立而成，到"多元"的少年福利法体系中全民责任的落实。完善的少年法对儿童保护已经构建了一个多层次的完整的法律系统。

第二节　少年法对刑事新派理论的实践

一、立足于科学主义

少年法的发展经历了少年犯罪法到少年越轨法、少年保护法最终提供全面保障的少年福利法。此种发展过程既立基于对少年犯罪原因的深层考察，又有社会背景变迁的物质基础。因此，扎根于社会环境改造是防止少年犯罪的有效对策。其依据就在于新派理论实证的、科学的犯罪原因的考察和研究。

（一）对"犯罪原因"调查坚持科学主义

借助于生物学和心理学的发展而展开理论研究的刑事新派理论，始终没有脱离实证的研究方法和对相关学科发展智识的吸收与借鉴。从各国立法和司法实践来看，对越轨和犯罪少年的社会调查都已经成为一项必不可少的前置程序。例如，日本少年鉴别所处遇规则规定对依据少年法解送至少年鉴别所的少年进行鉴别。"少年鉴别，是为了明确少年的素质、经历、环境以及人格及其相互之间的关系，为制定有关少年矫正的最佳方案而必须施行的过程。鉴别时必须基于医学、精神医学、心理学、教育学、社会学等知识及技术进行调查和作出判断。"❶ 除了催生了专门的社工职业，少

---

❶ 吴海航. 日本少年事件相关制度研究：兼与中国的制度比较 [M]. 北京：中国政法大学出版社，2011：117.

年犯罪原因的调查更是一项融合了心理学、教育学、社会学等多个学科知识的复杂的系统工程。社会调查报告需要对犯罪或越轨少年的性格特征、成长经历、家庭环境、教育背景等进行生物学、心理学和社会学方面的调查。一份合格的社会调查报告既应关照犯罪少年的过往经历，考察犯罪少年的犯罪原因，又应对犯罪少年的未来行为走向进行一定的预测，期待为司法部门给出一个恰当的少年处遇措施提供科学依据。社会调查报告内容具有广泛性，例如对少年犯罪人的心理和生理特殊情况进行调查了解，从而给出一个恰当的个别化处遇，再如犯罪行为发生前就表现出犯罪之虞的越轨行为进行干预。犯罪原因论注重犯罪人的个体差异，考察犯罪原因时同样关注犯罪人所处的微观环境和宏观环境，环境考察的生活环境包括家庭、学校、社会环境等三方面内容。犯罪学的实证研究论证了个体素质和社会环境因素与犯罪之间的关系，因此，少年法的发展便循着这一轨迹，致力于对个体因素和社会环境的改善，以期减少少年犯罪，保障少年未来健康发展。

（二）对"少年政策"的制定立足于科学主义

新派理论摆脱了旧派理论中宏观的犯罪原因考察视角，转而关注个案犯罪原因的分析和调查，其逻辑推理过程涵盖演绎推理及归纳总结。演绎推理从抽象的逻辑分析出发可能更能够得出一个完美的答案，但正如康德的绝对理性的存在一样，无法用现实来检验的正确结论。而归纳总结可能会取决于分析样本的准确性和全面性，但如果找对了研究对象，至少可以说明类似情况发生的高概率性。为什么少年法院的模式会成为美国最有影响力的法律输出品？因为少年法律体系的建立可以被不同的法律文化背景的国家所吸收和借鉴。美国学者路易斯·谢利通过对过去200年全球犯罪与工业化、现代化的关系进行考察后亦印证了此论断："两个世纪以前在英国看到的由于工业革命的到来而引起的犯罪的变化，在其他国家同样经历向现代化的转变时曾经多次重复出现。……犯罪已经成为现代化方面最明显和最重要的代价之一。当代社会犯罪问题的普遍性表明。社会发展进程和社会发展的成就都有助于犯罪。"❶ 少年犯罪问题有如工业社会发展的魔咒，成为工业社会发展进步的必然成本。少年法律体系的构建又成为各国工业化时代背景下立法的必修课，成为各国应对少年犯罪问题的不二选择。通过这样的梳理和考察，我们不难发现少年法的共同发展历程就是一个不断反复验证新派理论的过程。相同的社会发展时代背景下，各国均构建了相雷同的少年法体系（尽管立法模式不尽相同），以应对同样复杂的少年犯罪问题。这恰恰证明了新派理论中社会环境决定少年犯罪现象的论断，也证明了要根据犯罪的具体原因采取有效的犯罪对策才是行之有效的犯罪治理方案。

二、围绕人身危险性的体系构建

（一）少年犯罪法、少年越轨法对人身危险性的重塑

实证主义理念在少年司法活动中体现为制度性保障，即社会调查报告制度，实证主义的研究方法能够保障犯罪原因分析的科学性，而不是来自于司法者的主观推断。通过社会调查来了解越轨少年、犯罪少年的个体情况，在科学了解、客观掌握的基础上，给出适当的处遇措施，是少年越轨法、少年犯罪法发挥其保护少年功效的必要基础。每一份社会调查报告都是一份少年犯罪实证研究报告，社会调查报告可以说就是围绕着犯罪、越轨少年的人身危险性来展开的，一份有效的完整社会调查报告应当涉及被调查人的成长轨迹、已然形成的性格特质、家庭生活现状、特殊身体和心理健康情况等内容。其中，亦必然涉及调查人员对心理学、教育学、社会学甚至医学等专业知识的了解和运用。而在少年越轨法和少年犯罪法给出的处遇措施当中，也体现了作为社会控制少年的有效手段不应只有刑罚，还应当有其他的社会控制手段。重塑越轨、犯罪少年的人身危险性是给出不同处遇措施、选择不同的控制手段的前提，也为区别待遇的正当性提供

---

❶ 路易斯·谢利. 犯罪与现代化：工业化与城市化对犯罪的影响［M］. 何秉松，译. 北京：群众出版社，1986：158.

了合理化依据。在人身危险性的调查过程中，我们不难发现少年成长经历中的常态性场景提供者如家庭、学校、社区、宗教团体及各种社团等都会影响个体的人身危险性形成。刑事社会学派代表人物李斯特在其著名的《德国刑法教科书》中提到：“犯罪学的主要任务在于，通过对犯罪人个体的深入研究来认识其特征。对犯罪人的‘体格’研究，在借助遗传学和人体结构研究的基础上，还须力争利用犯罪生物学对犯罪人个性类型的研究成果，因为这些个性类型会使我们科学地掌握‘状态法’的多样性，它会引导我们对‘具体的刑事政策效果的原则性方向（格林霍特语）’有一个必要的认识。此外，所谓的对犯罪人的‘生命力’的研究，尤其是在利用优化了的心理分析的研究方法后，这种研究究竟能在多大程度上提高人民对具体的犯罪人以及具体的源自‘心灵深处’的犯罪行为的认识，仍然是一个未解开的科学之谜。这个问题的重要性已为现代刑事政策所承认。从两个方向加深对犯罪人的研究，是刑事政策对犯罪人的评价超越外行对犯罪动机所作的陈词滥调的解释的前提条件，它也是现代刑罚执行工作取得成效的先决条件，同时它还是正确运用现代刑事政策为特殊预防目的而提供的各种各样的措施的先决条件。”❶

（二）少年保护法、少年福利法对人身危险性的抑制

少年保护法的遮风挡雨功能与少年福利法的防患于未然的保护理念都是为了给孩子提供一个稳定的、充满关爱的成长环境，最终培养出有责任心、有担当的社会成员。少年保护法和少年福利法对少年成长环境关注和调整，其消极意义在于避免少年越轨、少年犯罪行为的发生，但其积极意义在于健全人格的养成。无论是从消极还是其积极意义来看，少年保护法和少年福利法最终所能关照到的仍是少年的人身危险性的抑制。例如，我国台湾地区制定了全面的“防制青少年犯罪方案”，分别从预防和矫治两个方面进行了规范，其中“预防包括强化福利措施、加强亲职教育功能、改进青少年辅导工作、强化青少年就业辅导、净化大众传播媒体内容、加

---

❶ 李斯特. 德国刑法教科书 [M]. 徐久生，译. 北京：法律出版社，2006：13-14.

强滥用药物防治等。"❶ 此处预防的方案就已经被涵盖在了少年保护法和少年福利法当中，即教育保障、监护保障等少年福利和少年保护内容的有效落实可以发挥预防青少年犯罪的功效。

三、体现功利主义的价值追求

刑事社会学派在强调犯罪受环境影响的基础上，预见到了最有效的犯罪治理手段在于对社会资源的整合和充分调动。旧派理论中基于犯罪自由意志论的观点，偏重于报应的等价性。少年法体系的基本原则是"儿童最大利益原则"，儿童最大利益原则是一个从诞生以来就争议不断的概念，因为在不同的文化背景下，它的内涵可能有着天渊之别。但在尊重文化的不同发展和人道主义平等或称文化独立、平等的基础上，每个不同背景的法律体系会赋予儿童最大利益原本不同的内涵。儿童最大利益原则似乎既是一个最明确的概念，又是一个最飘忽不定的概念。但有一点是明确的，在儿童问题上不能以社会功利主义、国家本位、社会本位来思考问题、衡量收益，而应当以儿童本位为根本标准。儿童最佳利益原则是百年来的少年司法实践经验的总结，是任何立法模式、法律文化背景不同的国家或说司法者都不会产生争议的基本原则。放下政治性的需求，以社会未来发展为动力，谋求儿童利益最大化。为儿童谋福利是人类社会自存本能，也是人类发展的理性选择。因此，以儿童最大利益为标准衡量个人利益与公共利益时，是最不易于产生认识分歧的。孩子作为全社会的共有财产，国家是有义务予以政策上、法律上、制度上的保护的。儿童最大利益原则不仅具有宏观层面的立法指导意义，也是具体个案中处理少年相关案件的基本原则。

家长主义即父母基于特殊身份拥有对子女的教育权或惩戒权，是不会有争议的控制手段。"有时候，受罚者挑战了惩罚者试图适用监禁刑的权威性。孩子对老师的反应可能是'你不能这样做。你又不是我妈妈'。而

---

❶ 杨士隆，蔡德辉. 少年犯罪：理论与实务［M］. 台北：五南图书出版公司，2001：391-392.

孩子对父母的反应可能是'别打我。如果我不打你，那你也就不能打我'。这种挑战只是一种善良的愿望，父母和老师都站在法律（部分的）的有利方面，他们的理由一般情况下都是正确的，但对孩子来说，他们依靠的仅仅是暴力和其他成年人的支持。什么可以用来证明一个人对另一个实施惩罚是正当的呢？简而言之，虽然刑罚的原因可能很多，但是，刑罚的正当性并不好证明。最广为接受的惩罚孩子的道德基础就是家长主义，只要为了孩子的利益，对其进行惩罚就是正当的。但是，为了父母或老师或学校的利益就不能证明惩罚孩子是正确的。例如，仅仅是为了老师或学校的利益而把调皮捣蛋的学生开除出学校，则一般不会被认为是合适的。"❶

新旧理论的学派之争看似停息，张明楷教授坚信新派理论早已退出历史的舞台，但是实践告诉我们一个不争的事实，即一个独立的法学学科正在大胆并卓有成效地践行着刑事新派理论的诸多立场。少年法从其产生之初就循着一定的轨迹不断壮大自己，努力进行新的尝试，正如它的适用对象一样拥有无限的活力和旺盛的生命力。少年法的产生和发展既是刑事新派理论的试验田，又是刑事新派理论不断丰富自己的肥沃土壤。"少年法蜕自刑事法而自成体系，其形成以致发达，与其谓为刑事法理论进步之结果，毋宁迳谓其为少年犯罪现象之出现，且日趋严重而流于社会问题，为根治此病态之社会现象，乃于法制力谋改弦更张，有以致之。"❷ 刑事新派理论的发展动因之一即在于 19 世纪欧洲少年犯罪问题的严重困扰，即刑事新派理论的现实土壤在于少年犯罪现象，少年犯罪现象是刑事新派理论实证的基础。《联合国儿童权利公约》第 17 条、第 28 条、第 30 条规定了儿童有透过大众传播工具获取国内及国际咨询的权利。儿童有接受免费义务教育之权利，并应享有适当之中等教育、职业教育及高等教育之权益。少数民族与原住民儿童之文化与教育权益应受保障。概言之，儿童有受教育的权利，这是一项基本权利，不应因处于刑罚或矫正期间非自由状态而予以剥夺。因此，教育刑之于少年犯罪是其必然所享有的一项基本权利。质

---

❶ 威廉姆·威尔逊. 刑法理论的核心问题 [M]. 谢望原，罗灿，王波，译. 北京：中国人民大学出版社，2015：47.

❷ 朱胜群. 少年事件处理法新论 [M]. 台北：三民书局，1976：引言部分.

言之，即不能只罚不教。当西方的刑法理论界还在为新旧刑法理论学派的观点争论不休的时候，我们的民间智慧早已达成共识，即没有不好的孩子，只有不好的父母和社会环境。"近朱者赤、近墨者黑"的精辟论断和"孟母三迁"的教育行动早就论证了环境塑造人的结论。

第三节　少年法刑事新派理论的基本立场

刑事新派理论既是对过去少年法发展轨迹（规律）的总结，又是对少年法发展未来趋势的展望。或者说刑事新派理论为少年法的发展指明了一个努力的方向。没有犯罪的少年就没有犯罪的成人。一个不争的事实就是青少年时期是人类作为个体成长时期最易发生犯罪行为的成长时期，如果在此阶段没有步入犯罪群体，过了这样一个时期就更不易于走向犯罪。

一、基本理念：国家亲权理念

（一）国家亲权理念的内涵

国家亲权的核心在于亲权，其主体是国家。此处的主体不是指国家作为政治组织的权力主体性，而是作为需要提供少年特别保护的亲权义务主体。现代民主政治理念下，无论是启蒙时代的社会契约论还是现代政治理念下民主国家责任论，国家作为社会管理者、宏观政策的制定者，都有义务为社会成员提供安全、良好的社会环境。国家亲权是以国家公权力干预失职的父母亲或法定监护人，进而扮演父母的角色以保护儿童。国家亲权来自于拉丁语，其字面上的含义即"国家家长"（parent of the country），其传统内涵导源于对君主权力的确认，显与责任发生联系。国家亲权理念最先适用于民事法领域，后推广至涉及少年利益的社会、刑事等法域，并发展成为少年法特有的理论依据。其基本含义包括三点：其一，少年时期

(或儿童期) 是人生发展过程当中的一段需要扶助的危险时期，其间适当的监护是必不可少的；其二，家庭对此负有首要的责任，但若家庭未能对少年提供充分的养育、道德教养或监护，则政府应当随时予以有力的干预，并负担起教育儿童的主要责任；其三，当儿童处于危险境地时，应当由相应的公务人员来决定何为儿童的最佳利益（in the child's best interest）。❶ 时至今日，国家亲权的意义已经不同于其概念起源时的初有内涵。国家亲权作为父母等血亲监护权的一种补充，其正当性来源于对少年独立人格的确认和尊重，而不是对君主权力的一种确认。少年不再是仅具有家庭成员身份并被视为家庭财产的组成部分，而是具有社会身份和平等人格的社会成员，并且是社会延续的根本保障。因此，家庭、社会和国家均有义务为少年的健康成长保有平等的机会。

（二）国家亲权理念是少年法的基本理念

有论者提出"少年司法根植于民法，有异于基于刑法的刑事司法。少年司法之所以被认为具有民法特征，主要在于其运作理念为'儿童最佳利益'且为儿童谋福祉，而这正是国家亲权在儿童福利上的具体体现。换言之，少年司法具有双重性，即理念与程序上的准民事性与处理对象和结果的刑事化特征。在美国，少年法院运作方式在各州大体类似，相关程序因其所践行的'国家亲权'而具有民事而非刑事特征。援用于少年司法领域，'国家亲权'理念倡导通过调整未成年人成长环境，矫正其性格缺陷来处理未成年人的犯罪行为。虽然上述理念经历冲击与质疑，仍不失为少年司法的金科玉律，备受推崇并影响至今。"❷ 国家亲权理念的核心在于"亲权"。从自然血亲推想可知，父母等亲权人必然会为着子女的最佳利益行事，即便是惩罚也是为了教育，且其所施惩罚的限度不愿意超出帮助子女的悔过最大限度。所以国家作为亲权人保护少年健康成长是根本诉求，惩罚只是"曲线救国"的手段。因此，区别于普通法院的严格刑事诉讼程

---

❶ ZIMRING F E. American Juvenile Justice ［M］. New York：Oxford University Press，2005：6.
❷ 张鸿巍. 儿童福利法论 ［M］. 北京：中国民主法制出版社，2012：90.

序及其公平正义的刑法适用价值追求，少年法院作为国家亲权理念在少年司法管辖中的具体代言人，保护少年健康成长才是其司法权运行的根本宗旨。"少年法院的'诞生乃是为了防止儿童被当作罪犯对待。'……少年法院司法管辖之转处主义理论不是一种可以变通的救助少年违法者的方法，而是一种比绝对权力的儿童拯救更为特定、更具限制性的救助方法。其方法适度，且目标聚焦，令少年违法者在犯罪之后和经历社会控制的过程中都保有完整的人生发展机会。"❶

从国王权力转变为国家义务的国家亲权，重点在于国家责任。国家监护便是这一价值目标的有效制度保障之一。此种具有公权性质的国家监护对私权监护不足的补充，充分体现国家权力对少年权益的关注。少年的易受影响性，不仅体现在少年司法当中，更体现在日常生活中，其需要一个更加负责的监护人。即当父母等监护人不能提供有效的监护和教育时，国家有义务进行补足。

对于心智发育尚未成熟的未成年人而言，无论是从正面榜样中获得经验还是从犯过的错误中吸取教训都是成长的必修课，是青春期迈向成人阶段不可逾越的修炼。在这一充满风险的过渡期，不应是孩子孤身前往，而应当有父母、社会、国家的坚实臂膀陪伴他的成长。当我们已然意识到孩子不再是父母的私有财产时，作为未来社会的重要成员，国家理应成为孩子利益最终极的保护力量，最坚定的守护人。"没有人怀疑儿童与成人不同。没有人怀疑儿童必须努力达到成年。没有人怀疑儿童成长的责任在于成人。实际上，没有人怀疑在照料孩子方面，成人表现最出色、最文明。"❷ 对儿童期的关注是成人对自己过往的关注，也是成人构建未来的重要手段。慈幼既是人自存的本能，也是一种成人的责任和情感需求。

---

❶　富兰克林·E. 齐姆林. 美国少年司法 [M]. 高维俭，译. 北京：中国人民公安大学出版社，2010：63.

❷　尼尔·波兹曼. 娱乐至死：童年的消逝 [M]. 张艳，吴艳莛，译. 桂林：广西师范大学出版社，2010：224.

二、方法：科学构建少年保护法律体系

（一）少年法应独立于成人法律体系

以爱的名义施予教育，既不能骄纵又不能过于苛责，就如同教育学的发展一样，我们总是在不断地总结教育经验，以期待形成系统的教育理念和教育方法，可以使更多的教育付出获得更好的教育回报。仅以少年犯罪法与成人刑法的兼容性相比，就可以看出少年法的特立独行。我国目前对于少年犯罪案件处理均适用一套成年人刑法体系的情况下，只能利用司法解释，将形似成年犯罪但具有简单动机或较轻后果的未成年人犯罪行为，解释为量刑较低的其他罪名的方式，来减少刑罚的不利后果。例如，《最高人民法院关于审理未成年人刑事案件具体应用法律若干问题的解释》第7条和第8条的目的就在于解决实践中将未成年人强索少量财物的"类抢劫"行为认定为抢劫罪，可能面临3年以上有期徒刑刑罚的情形。❶显然，这一司法解释解决了未成年人因实施不良行为而被入刑定罪的不公，却已明显具有褫夺立法权之嫌，甚至违背刑法的基本原则——罪刑法定原则。况且对于少年犯罪案件处理上不具有整体性的价值，即仅是刑期有所降低，但服刑仍以惩罚为主，根本无法发挥"以教代刑"的作用，反而会引起法律适用上的混乱。成人刑法体系中始终不应抛弃责任主义的原则，而少年犯罪法不仅在于"一旦身心不成熟性与少年犯应受的惩罚相关联，此间便成立一种反比关系，即行为能力槛限确定的重要性和为保持罪犯应受谴责性与刑罚均衡的减轻责任的重要性之间的反比关系"。因此，少年犯罪的刑法中应着重于"其一，建立一套基于主观判断能力、心理冲动控制

---

❶ 《最高人民法院关于审理未成年人刑事案件具体应用法律若干问题的解释》第7条："已满十四周岁不满十六周岁的人使用轻微暴力或者威胁，强行索要其他未成年人随身携带的生活、学习用品或者钱财数量不大，且未造成被害人轻微伤以上或者不敢正常到校学习、生活等危害后果的，不认为是犯罪。已满十六周岁不满十八周岁的人具有前款规定情形的，一般也不认为是犯罪。"第8条："已满十六周岁不满十八周岁的人出于以大欺小、以强凌弱或者寻求精神刺激，随意殴打其他未成年人、多次对其他未成年人强拿硬要或者任意损毁公私财物，扰乱学校及其他公共场所秩序，情节严重的，以寻衅滋事罪定罪处罚。"

之实践经验以及同伴压力控制的渐次等级责任制度。其二，确立一种标准——针对任何调整少年犯刑罚的理论，即尽力将关于青春期少年发展及其责任之自然属性的理论与关于成年过渡期的其他法律规则予以协调一致，不应当让少年刑事责任的规则异乎寻常地孤立于法律的景观之中。"❶

从人类刑罚历史的发展轨迹来看，有人认为刑罚历史经历从神意报应走向道义报应，又向法律报应转变的过程，也有人认为刑罚的历史经历了由神意报应向法律报应的转变。无论是哪种观点，都达成了一个共识，即人类刑罚的历史从野蛮、残酷向着文明、轻缓的方向在发展，这是人类历史发展的趋势。虽然我们不知道哪一天能够消灭刑罚的残酷性，但是我们知道我们在朝着没有"刑罚的历史"迈进。而诚如我国台湾地区学者林纪东所预见的一样，"少年之理论，与传统之刑事法理论（包括刑法、刑事诉讼法及监狱法理论），虽多距离，然对旧日之刑事法，正有推陈出新之作用，刑事法之改正，将于少年法始肇其端。"❷ 这也是符合生命发展的生物历程的，少年始终是人生中最具活力、学习能力、模仿力和创造力的成长阶段。少年法的发展也不例外，它将预示着整个刑法学甚至是人类法律发展的整体取向。美国以其强大的社区建设为基础，为少年社区矫正开展提供了保障，并总结了丰富的少年社会矫正经验，可资借鉴。"社区往往通过对未成年人尝试不同的矫正项目评价其功能。凡通过对犯罪未成年人的适用证明是有效的项目，往往后来也作为对成年人初犯或者其他的有轻微犯罪者社会矫正的项目。"❸ 缓刑制度也是先由少年法发展后为成年刑法所借鉴。

只有犯罪学是科学性的，犯罪论和刑罚论亦或是其他社会政策的整合，都是社会对犯罪或可能发生的犯罪的一种妥当反应。这也可以借鉴经济学的原理来解决，即需求决定市场。因此，无论是对于成年人犯罪还是少年犯罪、越轨、非行等，无论是制定刑事政策还是社会政策，都应当建

---

❶　富兰克林·E.齐姆林. 美国少年司法 [M]. 高维俭，译. 北京：中国人民公安大学出版社，2010：63.

❷　林纪东. 少年法概论 [M]. 台北：台北编译馆，1972：15.

❸　刘强. 美国犯罪未成年人的矫正制度概要 [M]. 北京：中国人民公安大学出版社，2005：4.

立在特定的社会背景下人的需要，或说改造人的需要。正如李斯特所提出的，任何人类治理社会的手段都是有目的性的，不再是盲目的自发行为。作为一种有效的社会治理手段制定的前提，是要了解我们所有面对的社会现实和人类发展需求是什么？正如第 18 届世界博览会的主题一样："人类该往何处去？"从对人类历史的探寻到高科技似乎裹挟着人类朝着既定的方向奔跑，我们可能会对人类发展的速度产生恐惧。于是，便有了一届届的技术革新最前沿展示舞台上提出的思考。生态科技、理性消耗资源、挽留童年，都是人类对自身、对自然、对社会的反思，即我们在自己的发展史中扮演着什么样的角色。就像是世界博览会的一块田一样，无论怎么样的抽象思考，都不能将人类带离赖以生存的土壤。犯罪学中对少年犯罪的研究始终是我们制定一切少年政策的根源，是我们所有社会治理对策必须具备的现实土壤。因此，节约社会成本的治理方法不是在犯罪学的研究上偷工减料，而是让有限的社会资源变成最有效的治理手段。

（二）少年法应构建多层级的法律体系

现代社会，市场经济的确立伴随着传统家庭模式的解组、个人自给自足生活模式的消逝以及空间对人与人之间的阻隔逐渐减小。虽然我们从熟人社会向着陌生人社会发展，但在个体生存需求的满足上，则更加依赖于整个社会的良好运转。因此，我们的社会发展正在朝着机构化、组织化、规模化的方向发展，国家这一最大的机构、组织不仅主导着社会发展的大方向，更影响着每个人的具体生活境况。作为最重要的社会治理手段之一——法律体系的建构，是国家落实其治理理念、实现社会治理目标的前提性条件。

从"亡羊补牢"到"未雨绸缪"全方位福利追求，或说是从国家权力到国家责任的转变、从国家本位到少年本位的变迁，少年法走向福利是它的终极命运，必然选择。少年法网的结构覆盖了从少年犯罪、少年越轨到少年保护、少年福利的各个方面。"少年犯罪之防治，形式上指少年犯罪之预防与矫治（prevention and correction），然实际上系指两者并存交互运用之综称。预防乃治本工作，积极防患于未然之先，矫治则为治标工作，处遇于已然之后，属于消极性。"❶ 少年犯罪治本的工作内容具有广泛的内涵和极大的延展性。它不仅包括对少年越轨行为的早期干预，还包括可能引发少年越轨行为的原因的消除，即少年保护。少年犯罪治理"其根本上系自社会安全入手，以解决社会问题为过程，而健全少年以谋求社会福利为依归。故实施少年保健制度推行社会福利政策，注重少年之养护与身心平衡，以免因失教失养而沦于犯罪；改造教育制度，发挥教育作用，加强学校与家庭及治安机关之联系，贯彻训导工作；从法律、社会等方面防止家庭解组与消灭贫穷家庭，加重家庭管教少年之责任；净化社会风气与文化，利用大众传播工具，为教育少年之宣传与普及法律常识，皆为必要之措施。尤以提倡正确之宗教信仰，填补少年精神上之空虚，自幼即深植其善恶观念，加强道德之藩篱，确为必要。"❷ 少年法的法律体系构建，其第一级应当为少年福利法，将少年福利的实现作为少年保护的基底，在福利制度落实后，仍有少年面临成长的潜在风险时，提供个别保护则为少年保护法需要观照的内容，此为第二级。事实证明，即便有少年福利法和少年保护法的双保险，仍然不能保证少年偏差行为或犯罪行为的发生。但是即便有少年越轨行为的发生，对少年越轨行为干预仍不能脱离少年法的保护主义理念。于是，规范有别于少年犯罪行为的越轨行为成为少年犯罪行为预防的必要手段，即作为第三层级的少年越轨法对已然出现偏差行为的少年采取防微杜渐的法律保护手段。少年越轨处遇虽有惩罚性质的措施但其适法的目的却在于防患于未然，避免越轨少年步向犯罪的深渊。少年犯罪行为无论多寡都存在于任何社会形态当中，对于少年犯罪采取的政策却可能完全不同。

惩罚是矫正的手段之一，矫正是惩罚的目的。菲利根据历史的法则提出："在人类处于最野蛮的状态下流行只有惩罚规定而没有关于矫正罪犯规定的刑法典。人类文明的逐渐进步将导致与此相反的只有矫正而没有惩罚的观念。"❸ 这是对文明社会的美好愿景，却违背事物的因果律，也与菲

---

❶　朱胜群. 少年事件处理法新论 [M]. 台北：三民书局，1976：20.

❷　朱胜群. 少年事件处理法新论 [M]. 台北：三民书局，1976：23.

❸　恩里科·菲利. 实证派犯罪学 [M]. 北京：中国人民公安大学出版社，2004：125-126.

利提出的犯罪饱和论相矛盾。既然犯罪是一定的社会环境下必然的社会产物，犯罪不可能被彻底地消灭，那么刑罚中的惩罚性质同样不能被彻底地抛弃。因为只有规定了强制性的不力后果的刑罚才能被称之为刑法，而刑法的调整对象就是实施了符合犯罪构成要件的犯罪人的行为。

三、具体措施：培养有责任心的少年

（一）前置性措施——提供安全的成长环境

1. 制定完善的家庭支持计划

家庭的稳定是为孩子提供安全、有爱的家庭生活环境的前提。因此，家庭经济条件的稳定、父母关系的融洽等都是儿童福利体系中应当努力满足的条件。尤其是对于家庭结构不完整或父母经济能力出现供养子女困难的家庭更需要支持，如美国《抚养未成年子女家庭援助计划》的宗旨在于帮助父母一方丧失劳动能力、死亡，以及长期离家出走或失业家庭的孩子。除了直接现金给付之外，政府还通过所得税抵免政策、各种视频营养计划，为低收入家庭提供补助。在医疗保障方面，医疗援助计划是美国最大的为穷人提供的医疗保险计划。在教育方面，美国政府对儿童基础教育的资助非常大，美国的公立幼儿园是最大的政府资助项目，其功能主要是为儿童上学做准备。此外，美国还有一种专为贫困家庭孩子设立的幼儿园。❶ 日本的儿童福利法制定了详细的家庭教育支持计划，即通过讲座、分发宣传手册、专业人员指导等方式为家庭提供孩子的教育指导。

2. 营造安全的社会环境

美国芝加哥社会学派克利福德·肖（Clifford R. Shaw）和亨利·麦凯（Henry D. McKay）经过研究发现"在美国城市中之犯罪大都集中于贫民区及城市中心区，分析其原因主要是这些地区自然环境之衰颓，人口过度拥挤、经济过度依赖，租来之住宅，以及外来种族及黑人较多之因素，亦即这些地区人们大都是流动人口，且异族人口杂居处，较无法凝聚而无一致

---

❶ 王雪梅. 儿童福利论［M］. 北京：社会科学文献出版社，2014：65.

性伦理道德行为。"❶ 社区是少年行为模式养成的重要场所之一，就少年特定的生活轨迹而言，社区作为主要的少年成长环境提供者其影响力不容忽视。宏观层面而言，构建和谐的社会环境可以从社区文化建设开始，即培养健康、积极的心态，养成良好的生活、娱乐习惯；从具体层面而言，严格执行网吧、烟酒经营禁止性规定等。

（二） 中期危机干预——防患于未然

近年来，活跃于网络新闻的"朝阳群众"举报犯罪的现象，似乎让我们看到了群众的力量。之所以"朝阳群众"能够成为打击犯罪的利器，就是因为他能深入生活、细致观察社会和周围的人。这与少年司法中，深夜警察、社工对少年不良行为发现有异曲同工之效。因此，少年犯罪、越轨行为预防必须发挥全社会的力量。"防治少年犯罪必须秉持'预防胜于治疗'之理念，对可能造成少年犯罪之不良背景因素（如犯罪之机会、犯罪之诱因）加以排除，始能获致成效，并较少年犯罪后少年司法体系须付出之巨额成本。预防少年犯罪可能从下列几个层面着手：（1）加强亲职教育，促使家庭发挥正常功能；（2）强化道德、法治教育，发挥学校辅导功能；（3）政府单位妥善规划少年之活动参与，并提供适切之辅导；（4）强化社会集体意识，致力消除不良之环境，减少少年犯罪之聚合。一旦少年因犯罪而进入刑事司法体系，吾人认为下列之措施是必要的：（1）对微罪初犯之少年应尽量施以社区处遇，而避免机构式处遇；（2）对已进入少年矫治机构者，应强化法律教育、技艺训练，加强亲子沟通，并扩大社区参与；（3）应加强出监（院）少年之保护管束工作，加强家庭访视并积极运用各类社会资源共同投入少年辅导事业；（4）强化少年犯出监（院）后之更生保护工作，提供种类必要之援助与保护，避免其再犯。"❷

（三） 后置性措施——保护型少年违法、犯罪处遇手段

对于少年犯罪案件处理，无论是从审理程序上还是案件处理的实体

---

❶ 杨士隆，蔡德辉. 少年犯罪：理论与实务 [M]. 台北：五南图书出版公司，2001：74.

❷ 杨士隆，蔡德辉. 少年犯罪：理论与实务 [M]. 台北：五南图书出版公司，2001：454.

上，都应区别于成人的刑法。少年犯罪法追求的不是罚当其罪或罪责刑相适应，而是如何运用社会成本使犯罪少年付出最小的成本实现最大的教化目的。此处的功利计算不是以社会成本即当下的公共利益输出最小化为最优，而是以社会成本的远期收益为标准衡量犯罪少年的再社会化可能性，刑罚的处遇措施能否为其未来的健康成长保有平等的机会，使其通过接受惩罚和教育成长为有责任心的社会成员。由此，少年犯罪的处遇不应以单纯地隔离少年、防卫社会为目标，也不应仅止步于剥夺少年自由的刑罚设置，而应当采取丰富的教育手段，为犯罪少年的再社会化创造条件。例如，日本"少年刑务所当中开展的受刑少年职业训练活动，目的就是为少年将来回归社会具备一定的就业选择能力而设。如，奈良少年刑务所安排的总和训练科目共有 16 种，包括钣金、熔接、配管、洗涤机械、电工、建筑、工艺、家政、印刷、泥瓦、理发美容、短期理发美容、信息处理、农业园艺、建筑物清洗等科目的学习和训练"。❶ 处遇不等于刑罚或惩罚，而是建立在个体差异的基础上，采取有效地帮助少年再社会化的手段，教育才是处遇的首要目的。"若按照日本全国拥有 58 所儿童自立支援设施的设定标准，中国在县级以上城市至少应该设置不少于 500 所工读学校。其次，应设立类似于日本少年县级以上辅导中心一类的设施，对预防少年违法和少年轻微犯罪的矫正发挥作用。日本全国设有 707 所少年辅导中心，按城市人口比例，中国全国县级以上城市至少应该设有 6000 所少年辅导中心，承担对少年违法和轻微犯罪的预防和矫正工作。"❷ 姑且不论此种设置机构的比较是否具有客观性，单就作为少年法发展的水平而言，我们从数字中可以看到中日少年法制度建设的差距，而这可能是我们需要经过几年甚至几十年的努力才能够弥补的一段距离。然而，"不积跬步无以至千里"，少年法的发展和完善势在必行。

---

❶ 吴海航. 日本少年事件相关制度研究：兼与中国的制度比较 [M]. 北京：中国政法大学出版社，2011：240.

❷ 吴海航. 日本少年事件相关制度研究：兼与中国的制度比较 [M]. 北京：中国政法大学出版社，2011：272.

结束语

————————————————————

　　家庭始终是呵护人成长的最好的环境，它不是以美丑、高低、贵贱来给予重视和爱心的地方，而是一个按需索取的地方。它可以帮助一个人塑造好社会生活所需要的种种性格、品质和技巧。即便在成长的过程中，每个人天性不同，但在一个宽容的环境里给我们的孩子一个犯错的机会，也许就是帮助他学习成长最好的教材。对家庭的回归，不等于对社会、国家责任的回避，因为家庭和社会是孩子成长环境的共同提供者。所谓的偏差少年，一旦超出了家庭所能包容的范畴，需要进行社会评价的时候，我们需要的是一个宽容的社会环境和宽松的执法环境。社会要接受孩子可能是会犯错的，在社会能够承受的范围之内，我们应尽可能地为了他将来的健康成长和平等竞争保有机会。人类认识的有限性和暂时性，注定一切深刻的思考都被人类的理性推向肤浅的方向，但有些本源的东西却是永远地镶嵌，不会被历史的长河洗刷遗忘。少年法领域可能会是第一个证明经济学假设即从私有制向公有制会发挥效用最大化的有力证据。对真理的渴求是人类社会自我发展和认知的全部动力，少年法学的理念在实现刑事法治的理想外，我们希望能对所有珍贵的孩子们有所帮助。少年法学的发展与经历百年历史的美国少年法、日本少年法制的完善相比较，我国的少年法发展仍有很大发展空间。然而，目前我国少年司法理念无论是在学界还是在实践部门都未引起重视，更遑论一次简单地立法（刑事诉讼法中未成年人特别程序的设计）便能将少年司法理念的内化于心。

　　对少年的关注，从少年法的发展趋势来看，我们看到了人类社会的一种反思，我们作为一个生物种群，如何保障自己物种的可持续性，是全人类都应该面对和思考的问题。而从成人对人类儿童期或青春期的成长过程中需求的关注及其态度转变，我们看到的是成人对儿童的控制是一个从有序到失序再到秩序重构的发展过程。尽管这种秩序重构看似违背人类自由、平等的价值，但成人对儿童的教化何尝不是每个成年人都经历过的生活历程？谁又能说只想要长大成人后的自由、理性和平等，而不愿经历或忘却童年期、青春期所经历过的学习、爱和被爱的过程？铭记我们曾经年少轻狂的岁月，感恩宽容我们过错的一切人、事、物。揪住每一个错误不放不是良好教育效果的保障，反而会成为培养健康人格的绊脚石。人不是在真空环境下生存的，而是在复杂的社会环境里成长的。宽容自己的不完美，给别人改正的机会才是社会共存的基础。人类的善心和善行引领着自身的历史，善的本质来源于物种的自存本能，爱也是我们这个世界存在和发展的基础。

参考文献

一、中文类

（一）著作类

［1］杨士隆，蔡德辉. 少年犯罪：理论与实务［M］. 台北：五南图书出版公司，2008.

［2］陈慈幸，蔡孟凌. 少年事件处理法学理与实务［M］. 台北：元照出版有限公司，2009.

［3］林纪东，刑事政策学［M］. 台北：台北编译馆，1969.

［4］林纪东，少年法概论［M］. 台北：台北编译馆，1972.

［5］刘作辑. 少年事件处理法［M］. 9 版. 台北：三民书局，2012.

［6］朱胜群. 少年事件处理法新论［M］. 台北：三民书局，1976.

［7］张甘妹. 刑事政策［M］. 台北：三民书局，1976 年.

［8］康树华. 青少年犯罪与治理［M］. 北京：中国人民公安大学出版社，2000 年.

［9］贺颖清. 福利与权利：挪威儿童福利的法律保障［M］. 北京：中国人民公安大学出版社，2005 年.

［10］吴海航. 日本少年事件相关制度研究：兼与中国的制度比较. 北京：中国政法大学出版社，2011.

［11］刘强编. 美国犯罪未成年人的矫正制度概要［M］. 北京：中国人民公安大学出版社，2005 年.

［12］许玉秀. 主观与客观之主观理论与客观归责［M］. 北京：法律出版社，2008 年.

［13］付立庆. 犯罪构成理论：比较研究与路径选择［M］. 北京：中国人民大

学出版社，2010 年.

［14］威廉姆·威尔逊. 刑法理论的核心问题［M］. 谢望原，罗灿，王波，译. 北京：中国人民大学出版社，2015.

［15］恩里科·菲利. 实证派犯罪学［M］. 郭建安，译. 北京：中国人民公安大学出版社，2004.

［16］朱迪斯·M. 本内特，C. 沃伦·霍利斯特. 欧洲中世纪史［M］. 杨宁，李韵，译. 上海：上海社会科学出版社，2007.

［17］伊东研祐. 法益概念史研究［M］. 秦一禾，译. 北京：中国人民大学出版社，2014.

［18］加罗法洛. 犯罪学［M］. 耿伟，王新，译. 北京：中国大百科全书出版社，2004.

［19］周光权. 法治视野中的刑法客观主义［M］. 北京：法律出版社，2013.

［20］施慧玲. 家庭　法律　福利国家［M］. 台北：元照出版公司，2001.

［21］林语堂. 人生不过如此［M］. 西安：陕西师范大学出版社，2007.

［22］贝卡利亚. 论犯罪与刑罚［M］. 黄风，译. 北京：北京大学出版社，2013.

［23］陈伟. 人身危险性研究［M］. 北京：法律出版社，2010.

［24］林山田. 刑法通论［M］. 北京：北京大学出版社，2012。

［25］李斯特. 德国刑法教科书［M］. 徐久生，译. 北京：法律出版社，2006.

［26］尼尔·波兹曼. 娱乐至死：童年的消逝［M］. 张艳，吴艳莛，译. 桂林：广西师范大学出版社，2010.

［27］沈银和. 中德少年刑法比较研究［M］. 台北：五南图书出版公司，1988.

［28］赵琛. 少年犯罪之刑事政策［M］. 北京：商务印书馆，1939.

［29］姚建龙. 少年刑法与刑法变革［M］. 北京：中国人民公安大学出版社，2006.

［30］翁腾环. 世界刑法保安处分法比较研究［M］. 北京：商务印书馆，2014.

［31］姚建龙. 超越刑事司法：美国少年司法史纲［M］. 北京：法律出版社，2009.

［32］张鸿巍. 儿童福利法论［M］. 北京：中国民主法制出版社，2012.

［33］龙勃罗梭. 犯罪人论［M］. 黄风，译. 北京：中国法制出版社，2000.

［34］刘艳红. 实质刑法观［M］. 北京：中国人民大学出版社，2009.

［35］大谷实. 刑事政策学［M］. 黎宏，译. 北京：中国人民大学出版社，2009.

［36］弗雷德里克·L. 努斯鲍姆. 现代欧洲经济制度史［M］. 罗礼平，秦传安，译. 上海：上海财经大学出版社，2012.

［37］亚历克斯梯尔. 越轨社会学［M］. 王海霞，范文明，马翠兰，等，译. 北京：中国人民大学出版社，2011.

［38］富兰克林·E. 齐姆林. 美国少年司法［M］. 高维俭，译. 北京：中国人民公安大学出版社，2010.

［39］巴里·C. 菲尔德. 少年司法制度［M］. 高维俭，蔡伟文，任延峰，译. 北京：中国人民公安大学出版社，2011.

［40］玛格丽特·K. 罗森海姆等. 少年司法的一个世纪［M］. 高维俭，译. 北京：商务印书馆，2008.

［41］车炜坚. 社会转型与少年犯罪［M］. 台北：巨流图书公司，1986.

［42］麦克·马圭尔，保罗·罗克，克莱夫·R. 罗林，等. 牛津犯罪学指南［M］. 4版. 刘仁文，李瑞生，王栋，等，译. 北京：中国人民公安大学出版社，2012.

［43］埃德温·萨瑟兰，唐纳德·克雷西，戴维·卢肯比尔. 犯罪学原理［M］. 吴宗宪，译. 北京：中国人民公安大学出版社，2009.

［44］王雪梅. 儿童福利论［M］. 北京：社会科学文献出版社，2014.

［45］牛文光. 美国社会保障制度的发展［M］. 北京：中国劳动社会保障出版社，2004.

［46］刘强. 美国犯罪未成年人的矫正制度概要［M］. 北京：中国人民公安大学出版社 2005.

［47］宋健敏. 日本社会保障制度［M］. 上海：上海人民出版社，2012.

［48］路易斯·谢利. 犯罪与现代化：工业化与城市化对犯罪的影响［M］. 何秉松，译. 北京：群众出版社，1986.

［49］黑格尔. 黑格尔的客观哲学［M］. 刘烨，译. 北京：中国戏剧出版社，2008.

［50］康德. 法的形而上学原理：权利的科学［M］. 沈叔平，译. 北京：商务

出版社，1991.

[51] 哈贝马斯. 在事实与规范之间：关于法律与民主法治国的商谈理论
　　　[M]. 童世骏，译. 上海：生活·读书·新知三联书店，2003.

[52] 卡尔·拉伦茨. 法学方法论 [M]. 陈爱娥，译. 北京：商务印书
　　　馆，2003.

[53] H·科殷. 法哲学 [M]. 林荣远，译. 北京：华夏出版社，2003.

[54] 克劳斯·罗克辛. 刑事政策与刑法体系 [M]. 蔡桂生，译. 北京：中国
　　　人民大学出版 2011.

[55] 边沁. 道德与立法原理 [M]. 时殷宏，译. 北京：商务出版社，2000.

[56] 哈耶克. 法律、立法与自由 [M]. 邓正来，张守东，李静冰，译. 北京：
　　　中国大百科全书出版社，2000.

[57] 胡萨克. 刑法哲学 [M]. 谢望原等，译. 北京：中国人民公安大学出版
　　　社，2003.

[58] 本杰明·卡多佐. 司法过程的性质 [M]. 苏力，译. 北京：商务印书
　　　馆，2002.

[59] 本杰明·内森·卡多佐. 法律的成长 [M]. 刘培峰，刘骁军，译. 贵阳：
　　　贵州人民出版社，2003.

[60] 博登海默. 法理学：法律哲学与法律方法 [M]. 邓正来，译. 北京：中
　　　国政法大学出版社，1999.

[61] 理查德·A. 波斯纳. 法官如何思考 [M]. 苏力，译. 北京：北京大学出
　　　版社，2009.

[62] 德沃金. 认真对待权利 [M]. 信春鹰，吴玉章，译. 北京：中国大百科
　　　全书出版社，1998.

[63] 储槐植. 刑事一体化 [M]. 北京：法律出版社，2004.

[64] 储槐植. 刑事一体化论要 [M]. 北京：北京大学出版社，2007.

[65] 储槐植. 美国刑法 [M]. 3 版. 北京：北京大学出版社，2005.

[66] 陈忠林. 刑法散得集 [M]. 重庆：重庆大学出版社，2012.

[67] 陈兴良. 刑法的启蒙 [M]. 北京：法律出版社，2000.

[68] 李永升. 刑法学的基本范畴研究 [M]. 重庆：重庆大学出版社，2000.

[69] 梅传强. 犯罪心理生成机制研究 [M]. 北京：中国检察出版社，2004.

［70］高维俭. 刑事三元结构论［M］. 北京：北京大学出版社，2006.

［71］高维俭. 罪刑辩证及其知识拓展［M］. 北京：法律出版社，2010.

［72］苏力. 法治及其本土资源［M］. 北京：中国政法大学出版社，2004.

［73］苏力. 制度是如何形成的（增订本）［M］. 北京：北京大学出版社，2007.

［74］王钧. 刑罪关系论［M］. 南京：南京大学出版社，2001.

［75］张明楷. 刑法格言的展开［M］. 北京：法律出版社，2003.

［76］张小虎. 刑罚论的比较与建构［M］. 北京：群众出版社，2010.

［77］孟德斯鸠. 论法的精神［M］. 张雁深，译. 北京：商务印书馆，1961.

［78］黑格尔. 法哲学原理［M］. 范扬，张企泰，译. 北京：商务印书馆，1996.

［79］卢梭. 社会契约论［M］. 何兆武，译. 北京：商务印书馆，I982.

［80］马克斯·韦伯. 法律社会学［M］. 康乐，简惠美，译. 南宁：广西师范大学出版社，2005.

［81］大谷实. 刑法总论［M］. 黎宏，译. 北京：法律出版社，2003.

［82］大谷实. 刑事政策学［M］. 黎宏，译. 北京：法律出版社，2000.

［83］马克昌. 近代西方刑法学说史［M］. 北京：中国人民公安大学出版社，2008.

［84］曹诗权. 未成年人监护制度研究［M］. 北京：中国政法大学出版社，2004.

［85］谢望原. 欧陆刑罚制度与刑罚价值原理［M］. 北京：中国检察出版社，2004.

［86］张明楷. 刑法学［M］. 5 版. 北京：法律出版社，2016.

［87］张明楷. 刑法的基本立场［M］. 北京：中国法制出版社，2002.

［88］张明楷. 责任刑与预防刑［M］. 北京：北京大学出版社2015.

［89］葛兆光. 中国思想史［M］. 上海：复旦大学出版社，2004.

［90］韩晶晶. 澳大利亚儿童保护制度研究［M］. 北京：法律出版社，2012.

［91］董保华. 社会保障的法学观［M］. 北京：北京大学出版社，2005.

［92］克劳斯·罗克辛. 德国刑法学总论［M］. 王世洲，译. 北京：法律出版社，2005.

［93］邱兴隆. 关于惩罚的哲学［M］. 北京：法律出版社，2000.

［94］邱兴隆. 刑罚的正当性原论［M］. 北京：中国政法大学出版社，1999.

［95］米歇尔·福柯. 规训与惩罚［M］. 刘北成，杨远婴，译. 上海：生活·读书·新知三联书店，2003.

［96］甘雨沛. 比较刑法学大全［M］. 北京：北京大学出版社，1997.

［97］姚建龙. 长大成人：少年司法制度的建构［M］. 北京：中国人民公安大学出版社，2003.

［98］肖建国. 中国少年法概论［M］. 北京：中国矿业大学出版社，1993.

［99］佟丽华. 未成年人法学［M］. 北京：中国民主法制出版社 2001.

［100］刘作辑. 少年观护工作［M］. 台北：五南图书出版公司，1984.

［101］丁道源. 中外观护制度之比较研究［M］. 台北：中央文物供应社，1993.

［102］赵雍生. 社会变迁下的少年偏差与犯罪［M］. 台北：桂冠图书股份有限公司，1997.

［103］陈兴良. 刑法哲学［M］. 北京：中国政法大学出版社，1997.

［104］刘继同. 国家责任与儿童福利［M］. 北京：中国社会出版社，2010.

［105］皮艺军. 越轨社会学概论［M］. 北京：中国政法大学出版社，2004.

［106］孙云晓，张美英. 当代未成年人法律译丛（美国卷）［M］. 北京：中国检察出版社，2006.

［107］周弘. 社会福利体系研究［M］. 北京：中国劳动社会保障出版社，2007.

［108］范斌. 福利社会学［M］. 北京：社会科学文献出版社，2006.

［109］哈罗德·J. 伯尔曼. 法律与革命［M］. 贺卫方，译. 北京：法律出版社，2012.

［110］乌尔斯·金德霍伊泽尔. 刑法总论教科书［M］. 蔡桂生，译. 北京：北京大学出版社，2015.

［111］张智辉. 刑事责任比较研究［M］. 台北：五南图书出版社，1997.

［112］许玉秀. 当代刑法思潮［M］. 北京：中国民主法制出版社，2005.

［113］王泽鉴. 民法总论［M］. 北京：中国政法大学出版社，2009.

［114］蔡枢衡. 中国刑法史［M］. 北京：中国法制出版社，1988.

［115］韩晶晶. 儿童福利制度比较研究［M］. 北京：法律出版社，2012.

［116］菲利普·阿利埃斯. 儿童的世纪：旧制度下的儿童和家庭生活 ［M］. 沈坚，朱晓罕，译. 北京：北京大学出版社，2013.

［117］姚建龙. 权利的细微关怀——"合适成年人"参与未成年人刑事诉讼制度的移植与本土化 ［M］. 北京：北京大学出版社，2010.

［118］尹琳. 日本少年法研究 ［M］. 北京：中国人民公安大学出版社，2005.

［119］张鸿巍. 少年司法通论 ［M］. 北京：人民出版社，2011.

［120］张文娟. 中美少年司法制度探索比较研究 ［M］. 北京：法律出版社，2010.

［121］张明楷. 外国刑法纲要 ［M］. 北京：清华大学出版社，2007.

［122］邓子滨. 中国实质刑法观批判 ［M］. 北京：法律出版社，2009.

（二）论文类

［1］张鸿巍. 儿童福利视野下的少年司法路径选择 ［J］. 河北法学，2011（12）：45-55.

［2］马克昌. 论刑罚的本质 ［J］. 法学评论，1995（5）：1-7.

［3］陆伟芳. 19 世纪英国城市儿童犯罪的历史考察 ［J］. 英国研究，2013（5）：170-182.

［4］姚建龙. 国家亲权理论与少年司法——以美国少年司法为中心的研究 ［J］. 法学研究，2008（3）：92-95.

［5］劳东燕. 推定研究中的认识误区 ［J］. 法律科学，2007（5）：117-156.

［6］高维俭，胡印富. 少年虞犯制度比较研究 ［J］. 预防青少年犯罪研究，2013（4）：84-88.

［7］高维俭，梅文娟. 少年法的立法体系 ［J］. 预防青少年犯罪研究，2013（5）：20-30.

［8］高维俭. 少年司法之社会调查报告制度论要 ［J］. 环球法律评论，2010（3）：18-29.

［9］陈兴良. 社会危害性理论——一个反思性检讨 ［J］. 法学研究，2000（1）：3-18.

［10］黎昌珍. 从西方儿童福利范式的演进看我国农村孤儿救助制的转型 ［J］. 学术论坛，2006（12）：69-71.

二、外文类

［1］ ZIMRING E F. American YouthViolence ［M］. Oxford：Oxford University Press，1998.

［2］ DELISI M. Career Criminals inSociety ［M］. London：Sage Publications，2005.

［3］ TRATTNER W I. From Poor Law to Welfare State—A History of Social Welfare in America ［M］. 4th ed. New York：The Free Press，1989.

［4］ WASSERMAN G，KEENAN K，TREMBLAY R，et al. Risk and Protective Factors of Child Delinquency ［J］. Office of Juvenile Justice and Delinquency Prevention，U. S. Department of Justice，2013：1-19.

［5］ VITO G F，KUNSELMAN J C. Juvenile JusticeToday ［M］. New Jersey：Prentice Hall，2012.

［6］ DAVIS S M. Children's rights under the law ［M］. Oxford：Oxford University Press，2011.

［7］ BERNARD T J，KURLYCHEK M C. The Cycle of juvenile justice ［M］. 2th ed. Oxford：Oxford University Press，2010.

［8］ FARINGTOND D P，WELSH B C. Saving Children From A Life of Crime：Early Risk Factors and Effective Interventions ［M］. Oxford：Oxford University Press，2007.

［9］ JENSEN E L. Juvenile law violators，Human Rights，and the Development of New Juvenile Justice Systems ［M］. Oxford：Bloomsbury Publishing PLC，2006.

后 记

光阴荏苒，匆匆四年，就到了毕业时，博士研究生入学考试的情景却仿佛就在眼前。至今清晰地记得面试时候老师的问题：为什么要报考刑法博士？我说为了梦想。为了再续硕士研究生毕业时，因种种原因搁浅的博士梦，也为了解决工作中的困惑和面对疑难问题时所感到的轻松。当得知被录取时的那份喜悦仍然记忆犹新，对我而言，那既是一个梦想的实现，也是一个梦想的开始。对于已经毕业五年一直从事刑事检察实务工作的我来说，校园生活是那么的美好，令人向往。校园是一个远离繁杂，有书香、花香，可以享受内心宁静的地方。然而，梦想与现实之间的冲突和矛盾总是那么突出。宁静的校园生活，需要我用课下的时间来追赶我的工作，或者说是工作在追赶我，每一个案件都有办案期限。于是，我在校园和工作单位之间奔波。快乐的读书时间，需要抢占我陪着孩子游戏的时间，我需要在小家伙筋疲力尽地睡下之后，来追赶我的功课。无论是哪一个身份和角色，都不允许我"玩忽职守"。虽然有些疲劳，但是我仍然坚定地走在梦想的路上，即便是半路上曾经病倒过，好在有发达的医学技术，我仍然是四年前那个坚定、乐观的我。虽曾犹豫，但终未放弃。四年的坚持，我不仅收获了知识，收获了喜悦，也收获了思想和自由。

我一向不敢以理论的朝圣者自居，对于刑法理论的学习最初是带着质疑的，就如同许多已经远离书本教育的实务同行一样，我更相信司法办案的直觉和日积月累的经验。然而，走进了刑法理论的殿堂，我才发现不是理论不能解决实务问题，而是理论与实务之间的隔阂导致了彼此的误解。

法理应融于情理，情理蕴含于法理之中。在少年司法逐步取得发展和进步的今天，我们不得不面对的现实是少年犯罪问题仍然凸显。我们更加重视孩子的成长和教育，社会关注似乎比以前多但并未取得预期的收获。我们方法错了吗？我们的观念错了吗？我们还能为孩子们做什么？我国少年法的构建尚未形成独立的体系，有关少年权益的相关法律规定遍布宪法、民法、行政、刑法、刑事诉讼法等有着不同指导理念的部门法当中。少年权益保护的理念路径各异，导致保护效果不甚理想。种种现实问题，如未婚妈妈杀婴、少年杀人、抢劫、弑亲诸多现象如何破解，还有留守儿童、流浪儿童、被虐待儿童、被遗弃儿童悲惨处境，都成为我们推动少年法发展不竭的动力。正视少年保护问题立法现状，会发现各个部门法立足一隅，各自求得局部完整，却使得少年法体系凌乱，甚至存在彼此抵牾之处。梦想是一切思考开始的地方。为了我们珍爱的孩子有一个美好的未来，我们有责任给他们全面的保护。我在办理未成年人刑事案件中遇到的种种困惑，曾经有一名能从他眼神中明显感受到真挚情感的孩子，仅仅因为一时冲动参与斗殴而被处以一年徒刑，但他今后成长因为曾经被刑罚处罚所受到的影响，是否可能还我们一个健康有责任的少年？倘若追问，监狱是否是一个犯错的未成年人获得成长最好的场所？答案毋庸置疑，是否定的。孩子与成年人的区别是不言而喻的。如何保有孩子的天性，维护他们成长的权利、犯错的权利，而不是成为我们成年人社会制度设计的牺牲品，是成年人对孩子义不容辞的责任。带着这些疑问，在导师高维俭教授的指导和帮助下，我将实务中产生的点点困惑，形成了对少年法的系统性追求。通过对少年法发展脉络的梳理，我对少年法的理论根据进行了力所能及的深度发掘，并且试图填补少年法研究的空白。

感谢导师高维俭教授的耐心和细致，对于我在刑法基础理论知识方面的欠缺所造成的学习困惑，高老师一一解答；在办理未成年人刑事案件中遇到的种种疑难杂症，高老师也悉心指导。本书从选题到写作，无不倾注着高老师的智慧和思想，以及他对少年法的热爱和执着。同时感谢为我们授业解惑的博士生导师梅传强教授、袁林教授、石经海教授、王利荣教授、朱建华教授、李永升教授，各位老师的授课风格仍历历在目，梅老师的循循善诱、袁老师的睿智幽默、石老师的治学严谨、王老师的旁征博引、朱老师的理性平和、李老师的深沉内敛，都已经成为我四年博士生活中最生动的画面，镌刻在记忆的最深处。还有博士生同学们寒来暑往的同窗之谊，给平静的校园生活更是带来了无限的乐趣。同学们生活上的关照、课业上的探讨、论文写作中的帮助都成为我们友谊的升温剂，西政三月的小雨、六月的蝉鸣、九月的桂花铭记在我的心底。

感谢家人的支持和帮助。可爱的大儿子果果，看得到他对妈妈的想念，却从来都不说，也不粘着我，只是在我回家的时候，会一遍又一遍地问："妈妈，你论文多久写完啊？"我说一个月，他就说一个月是多久？我说一个星期，他就说一个星期是多久？最终，是以他还要上几天幼儿园来衡量。然后，我们就开始谋划等论文写完了，要去哪里玩儿。因为爱，我的小儿子也叽叽呱呱来到我们身边。作为一名母亲，我愿倾尽所有为孩子们创造一个更好的未来，这个未来不是偏安一隅的安逸，而是未来他们即将生活在这个世界的一切。记得张世英老师最打动我的那句话"万物一体、民胞物与"，情感将我们与这个世界紧密地联系在一起。我们对这个世界的爱，也终将会带我们到更广阔的天地，为了更多的人而承担责任，不断付出和给予。